少年财智英雄榜样

TOUZI SHENHUA DE
DIZAOZHE

投资神话的缔造者

巴菲特

张丛富◎丛书主编　　田佩琳◎编著

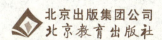

北京出版集团公司
北京教育出版社

图书在版编目(CIP)数据

投资神话的缔造者——巴菲特 / 田佩琳编著. — 北京：北京教育出版社，2012.3（2018年3月重印）
（少年财智英雄榜样 / 张丛富主编）
ISBN 978-7-5303-9833-3

Ⅰ. ①投… Ⅱ. ①田… Ⅲ. ①巴菲特，
Ⅳ. —生平事迹—少年读物 Ⅳ.①K837.125.34-49

中国版本图书馆 CIP 数据核字(2012)第 022767 号

少年财智英雄榜样
投资神话的缔造者——巴菲特
TOUZI SHENHUA DE DIZAOZHE
张丛富　丛书主编
田佩琳　编著

＊

北 京 出 版 集 团 公 司
北 京 教 育 出 版 社 出版
（北京北三环中路 6 号）
邮政编码:100120

网　　址：ｗｗｗ．ｂｐｈ．ｃｏｍ．ｃｎ
北 京 出 版 集 团 公 司 总 发 行
新 华 书 店 经 销
重 庆 重 报 印 务 有 限 公 司 印刷

＊

700 毫米×1 000 毫米　　16 开本　　12.5 印张
2012 年 3 月第 1 版　2018 年 3 月第 4 次印刷
ISBN 978-7-5303-9833-3
定价:23.70 元

质量监督电话:010-58572342　010-58572393

序　言

　　沃伦·巴菲特，有史以来最伟大的投资家，他依靠在股票、外汇市场上的投资，成为世界上数一数二的富翁。他倡导的价值投资理论风靡世界。

　　他从零开始，仅仅靠从事股票和企业投资，积聚起巨额财富，成为 20 世纪世界大富豪之首。1941 年，刚刚 11 岁的巴菲特就投身股海，购买了生平第一张股票。时至今日，已经过去 70 多年了。在这 70 多年里，全球股市历经多次"牛市"和"熊市"，可谓是波澜起伏、震荡不已仅仅在美国，让人惊心动魄的大"股灾"就发生了三次："1969 年股灾"、"1987 年股灾"和前不久因次贷危机而引发的股灾。在旷日持久的股海拼搏中，不知有多少股民身受重创，甚至倾家荡产，但巴菲特还是笑傲江湖，独步股海。

　　无论股市行情牛气冲天抑或疲软低迷，无论经济繁荣与否，从便鞋、越南战争到债券、信息时代，巴菲特在市场上的表现总是很好。"二战"结束至今，美国主要股票的年均收益率在 10% 左右，而巴菲特的投资收益率却达到了 28.6% 的水平。

　　投资于巴菲特的普通股东也变得富裕了，与他们当初交给巴菲特运作的资本相比，增值的数字几乎是不可想象的。

如果一个人在巴菲特职业生涯的开始投入 1 万美元,并且坚持到底,那么到 1994 年底,这笔财富将会达到 8 亿美元。

巴菲特在股票市场上业绩非凡,获取了惊人的收益,未曾遭遇过大的风险,也没有出现过亏损年度。在市场专家、华尔街经纪人及旁观者们看来,这简直是一件不可思议的事。同时,巴菲特朴实的风格也使他成为被崇拜的偶像。

巴菲特像一个神奇的魔术师,100 美元在他的手中掌控了 40 多年后,变成了 600 多亿美元。看到这里,我们会觉得不可思议:世界上怎么可能有这样一个人? 一个人怎么会取得这样的成功? 同时我们不禁要问:他是一个什么样的人? 他一生有着怎样的经历? 他投资成功的秘诀是什么? 他是如何把 100 美元变成 600 多亿美元的?

那就请你好好阅读《投资神话的缔造者——巴菲特》这本书。

沃伦·巴菲特家庭人物关系

父亲：霍华德

母亲：利拉

姐姐：多丽丝

妹妹：罗伯塔

妻子：苏珊/阿斯特丽德

少年财智
英雄榜样

目录
CONTENTS

第三章　"股神"传奇的生活故事

第四章　巴菲特写给股东的信

第一章　初露才华的青少年时期

　　早在"股神"诞生的那一天起，他周围的环境及特殊信息的渗入就已经为他日后的辉煌业绩奠定了坚实的基础。巴菲特之所以能成为世界上公认的最伟大的投资者，与他童年的生活有着莫大的关系，巴菲特的投资天赋及商业意识在孩提时代就已初露锋芒。

"股神" 的诞生

奥马哈是美国西部内布拉斯加州最大的工商业城市，位于犹他海滩的东面，是道格拉斯县的县治所在，临密苏里河岸。奥马哈，风景优美，位置重要，宛如镶嵌于翡翠上的宝石，在密苏里河西岸熠熠生辉。

1930 年 8 月 30 日，在奥马哈市的一家医院里，一个蓝色眼眸、皮肤白皙、脸颊泛粉的婴儿呱呱坠地，这个婴儿就是后来成为"股神"的沃伦·巴菲特，他出生时体重 6 磅，而且早产了 5 周。

巴菲特家族具有优良的品质：温文尔雅、脾气可人、坚忍不拔。他们精于做生意，但花钱很谨慎。美国叫做巴菲特的最早的一代人——约翰·巴菲特，是法国休格洛地区的粗毛哔叽的纺织工人。

巴菲特的父亲霍华德·巴菲特既严肃又和蔼，他对沃伦的一生有着举足轻重的影响。是他给沃伦展现了一个股票和债券的世界，并种下了未来发展的种子，但是他也并不只一味赚钱。巴菲特的母亲来自内布拉斯加的一个小镇,是一位身材娇小、性情活泼的妇女。她是个贤内助,同时还有"很好的数字头脑"。

霍华德·巴菲特共有三个孩子,沃伦·巴菲特排行老二,也是唯一的男孩。

从小时候开始,沃伦就非常谨慎。他学走路时总是弯着膝盖,仿佛这样可以保证他不会摔得太惨。当他母亲带着他和他姐姐多丽丝去教堂时,多丽丝会到处乱跑,有的时候甚至会走丢,但沃伦则会乖乖地坐在母亲旁边。他被利拉称为"一个很少带来麻烦的小孩"。

在他童年时代的一张照片上,两岁的小沃伦长得结结实实,皮肤白皙的他穿着系白鞋带的小靴和白色短袜,一只手里握着一个立方体型的积木。他有着浅浅的笑脸和深深的双眸。他的头发开始时是金黄色,后来变成了赭色,但他的性情却没有任何变化。他从不在陌生的地方乱逛,也不惹是生非或寻衅滋事。

比沃伦小 3 岁的罗伯塔常常保护他,使他免受附近的小霸王欺负。有一次,霍华德带回家一些拳击手套,还约来一个男孩与沃伦交战。利拉回忆道:"他们压根儿就没有用到过那些手套。"沃伦天性如此好静,于是激起了他姐姐和其他人对他的一种本能的保护心理。沃伦似乎天生就不会打架。

沃伦的幼年时期也正是家里经济最困难的几年。当时霍华德是联合街道银行的证券销售商,在当时这是一个很不稳定的职业。

天生对数字和赚钱感兴趣的沃伦

巴菲特从小就对数字显得如饥似渴。当他还是孩子的时候，就常和伙伴鲍勃、拉塞尔在拉塞尔家的前廊里消磨时间：俯瞰着繁忙的路口，记录下来来往往的车辆的牌照号码。太阳下山后，他们就回到屋里，展开《奥马哈世界先驱报》，计算每个字母在上面出现的次数，在草稿纸上写满了密密麻麻的数字，就仿佛他们找到了"欧式范数"之谜的答案。

拉塞尔常常找来年鉴，他读出一大堆城市的名单，而沃伦则逐个报出每个城市的人口数量。拉塞尔在近半个世纪之后回忆道："那时我说出一个城市，他就会迅速准确地报出这个城市的人口数量来。比如我说：依阿华的达文波特，堪萨斯的托皮卡，俄亥俄的阿克伦等等。即便我念了 10 个城市，他也会说对每一个数目。"不论是棒球的得分，还是赛马的输赢机会——每个数字都是他感兴趣的。周日，沃伦便梳洗一番，到邓迪的长老会教堂，坐在靠背长椅上计算着宗教作曲家们的生死年限打发时间。他还会手持一支桨和一个球，站在卧室里一连几个小时地算呀算。他也玩莫诺波里游戏——数着他那想象中的财富。

让沃伦感兴趣的并不仅仅是数字而已，还有金钱。他拥有的第一份财产是姑妈在圣诞节时送给他的礼物——一个镀镍钱包，他总是自豪地把它拴在自己的皮带上。5 岁的时候，沃伦就已经在家附近的过道上摆了一个卖口香糖的摊儿，向过往的人兜售。后来，他开始卖柠檬汁——这回可不是在巴菲特家那条僻静的街上，而是在拉塞尔家前面繁华的市区。

在沃伦 9 岁时，他就和拉塞尔一起在拉塞尔家对面的加油站数苏打水机器里出来的瓶盖数量。这可不是他们无聊，而是一个简单的市场调查。他们计算着盛橘汁的杯子有多少，可乐和无酒精饮料有多少。两个小男孩把这些瓶盖运到货车上，然后把它们放在沃伦家的地下室里成堆地收藏起来。他们想知道：哪一种品牌销售量最大？谁的生意最红火？

当大多数孩子都还不了解商业的概念时，沃伦就从他那做股票经纪人的父亲手里搞到成卷的股票行情机纸带，他把这些纸带铺在地上，用父亲的标准普尔指数来解释这些报价符号。他还在当地高尔夫球场的草地上寻找用过的但还可以使用的高尔夫球出售。他也曾来到阿克·萨·本赛马场，在地板上四处搜寻，捡起那些被撕破丢弃的存根，他常常能发现一些中了奖但又不小心被扔掉的票券。在内布拉斯加炎热的夏季，沃伦和拉塞尔跑去给"奥马哈乡村俱乐部"的大款们扛高尔夫球棍，大款们会给他们 3 美元当作报酬。

傍晚的时候，美国中西部笼罩在暮色中，他们坐在拉塞尔家前廊的滑车上摇来晃去。这个时候，车流和电车发出的叮当响声让沃伦有了一个主意。看到许多刚好经过拉塞尔家门前的车，沃伦会说"要是有办法从它们身上赚点钱就好了"。拉塞尔的母亲伊夫琳在50年后又回忆起有关沃伦的往事，那时他对她说："您不赚这些来往路人的钱真是太可惜了。"好像拉塞尔可以在自己的家门口设一个收费亭似的，他总说："太可惜了，拉塞尔夫人。"

沃伦的父亲老巴菲特对于数字的精明还不敌儿子，他对赚钱的兴趣也不如儿子那么浓厚。那么，究竟为什么沃伦·巴菲特要从舒适安逸的家中跑出来，甘愿在赛马场的地上爬来爬去捡票根，就好像地上满是珍珠一样呢？究竟又是什么使得多年以后的他在商业领域一展身手呢？复杂的算术题他也能够心算出来，记忆力之强就像一部活百科全书一样。沃伦·巴菲特的妹妹罗伯塔断言："他生来就如此。"

"股神"少年时的发财梦

奥马哈建筑群以木结构为主，建于密苏里河岸耸起的嶙峋崖壁旁。城本身是多山的地形，下面有大片的平原，这儿曾是一片无人居住的荒地，直到1854年与马哈印第安（即后来的奥马哈）人签订协议开放内布拉斯加的领地以供人们安居为止。1859年时，当一个名叫亚伯拉罕·林肯的伊利诺斯铁路律师参观了此地之后，内布拉斯加便进入了发展的重要时期。几年以后，当初来此参观的律师，后来的林肯总统指定这个城市作为联邦太平洋铁路的东端终点站。

在沃伦父亲的那个年代，巴菲特家族一直过着艰难困苦的生活。

恶劣的气候严重影响了巴菲特家族，仿佛中西部进入了大萧条。"大萧条来临了"，利拉形容它"带着可怕的112度的灼热"。尘暴从俄克拉荷马滚滚涌来，面对蝗虫的侵袭奥马哈人只有紧闭房门来躲避。在沃伦4周岁生日那天，一阵"灼热的风"把纸碟和餐巾纸吹落在地，红色的尘土掩盖了整个

前廊。沃伦和多丽丝顶着屋外令人窒息的热气，苦苦等待卖冰人的到来，买一些冰含在嘴里。到了严寒的冬季，情况甚至比炎热的夏季还要糟糕。沃伦和姐姐总是裹得严严实实的，商人们打电话付款时都不敢让摩托车熄火，以免引擎发动不起来。

直到沃伦6岁开始到学校念书的时候，他父亲的运气才慢慢地变好起来。巴菲特一家搬进了郊区一座斜木瓦屋顶的更为宽敞的都铎王朝式样的砖房里。巴菲特家曾经历过的艰苦生活也渐渐被淡忘了。

但这些苦难似乎对沃伦产生了举足轻重的影响，经历了这些艰苦的年月之后，他便有一种执著的愿望，想要变得非常富有起来。他在5岁之前便有了这个想法，而且自那以后，这种想法就从来没被放弃过。

在沃伦6岁时，巴菲特家去北艾奥瓦的奥科博吉湖度假，他们

在那儿租了一间小屋。沃伦用 25 美分的价格买到 6 听可乐，然后他绕着湖边以 5 美分一听出售，最后挣了 5 美分的利润。回到奥马哈之后，沃伦买来父亲杂货店里的苏打饮料，在夏日的夜晚一家家地兜售，而这时候，其他的孩子还只知道在街上玩耍。

从那时起，类似的活动便从未停过，沃伦挣钱有着自己的目的：他并不是赚来零花用，而是在向他的勃勃野心一步步地迈进。

沃伦是最崇拜父亲的。他和父亲关系很好，在父亲面前显得既放松又平和。

沃伦 7 岁那年，他发了一场奇怪的高烧，住进了医院，为了治疗医生切除了他的盲肠。他身体十分虚弱，医生们都担心他会死去。就连父亲端来他最喜欢的面条汤时，沃伦也一口不吃。但只有他一个人的时候，他就拿支铅笔在纸上写满数字。护士问起时他便告诉护士，这些数字代表着他未来的财产。"现在我虽然没有太多钱，"沃伦兴高采烈地说，"但是总有一天，我会很富有。我的照片也会出现在报纸上的。"在死亡的边缘挣扎的沃伦从对自己未来财富的梦想中找到了精神的支柱。

他的父亲霍华德下定决心不能再让沃伦经历自己曾经忍受过的苦难。同时，作为父辈，他一直对沃伦充满信心，对沃伦所做的任何事情都全力支持。因此，沃伦的整个世界围绕着他的父亲。

第一次进入股票世界

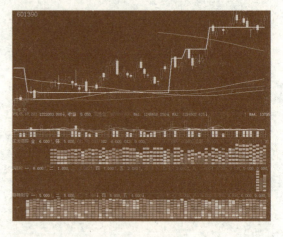

巴菲特 10 岁的时候，父亲带他去了纽约。利拉看着巴菲特和"最要好的朋友"手牵手地离开了家门，胳膊下还不忘夹着他的那本集邮册。他们计划看一场棒球赛，参观一个集邮展，去一个有玩具火车的地方玩耍。他们还去了华尔街，参观了纽约股票交易所。巴菲特对股票的喜爱丝毫不亚于其他孩子对飞机模型的喜爱。

他常常跑到父亲生意日益兴隆的证券经纪公司去玩。在父亲的办公室里，巴菲特经常盯着那些放在镀金专柜里的股票和债券单据。在年幼的巴菲特看来，它们有一种极具诱惑的吸引力。巴菲特也经常兴奋地跑到楼下哈里斯·厄珀姆证券经纪公司，很多当地的金融家经常出入这家经纪公司询盘报价。美国东部臭名昭著的股票投机商杰西·利弗莫尔每次来到奥马哈城的时候，都要到这里飞速下单，然后又悄悄地离开。哈里斯·厄珀姆的股票经纪人对这个小小年纪、长着一双大耳朵的小孩很是放心，让他把股票价格抄写到黑板上。

回到家中，巴菲特就会整理自己的股价走势图，观察它们的涨跌趋势，想搞清楚其中的秘密的想法让他兴奋不已。11 岁的时候，巴菲特大胆地以每股 38 美元的价格买进了 3 股城市设施优先股，还给姐姐多丽丝也买了 3 股。多丽丝后来回忆起这段往事时说："我知道他很明白自己到底在干什么。他满脑子想的全是数字。"不过，后来股价下跌到 27 美元。历经波折之后，股价终于回升到了 40 美元。巴菲特抛出股票，扣除佣金之后，赚到了他在股市上的第一桶金——5 美元。有趣的是，他的股票刚刚清仓，股价却飙升到了每股 200 美元。这也给小巴菲特上了很好的一课——在股海沉浮中，投资者必须要有耐心和定力。

巴菲特少年时在赛马场上的表现更出色。受到赌马胜率中概率论的启发，他和拉塞尔开发了一套供赛马者使用的参考系统。几天以后，他们就发现用自己的这套系统来帮助投注效果明显，于是他们就把这套系统命名为"必胜马仔系统"，然后带着一大堆复印件来到阿克萨本赛马场。拉塞尔回忆说："我们觉得自己能够卖几套赚些钱，我们四处叫卖道：'买份必胜马仔系统吧！'不过我们没有营业执照，后来他们就把我们给赶跑了。"巴菲特的种种创举都是建立在数字基础上的，他对数字的信任度超过一切。

他常在《赚到 1 000 美元的 1 000 招》这本自己喜爱的书中自得其乐，这本书用"以自制的软糖起家"以及"麦克·杜格尔夫人变 38 美元为百万财富"等故事来游说未来的洛克菲勒式的人物。沃伦把自己想象成为虚幻中的人物——想象自己站在一座金山旁边，显得多么的矮小；而这座金山给他带来的狂喜远远超过一座糖山。他恰恰是书的作者所编织的梦幻故事的读者，他牢牢铭记书里的建议——"开始，立即行动"，不论选择去做什么，千万不要等待。

酷爱读书的少年沃伦

　　在同龄人中，沃伦算个头比较高的。沃伦喜欢看书，邻居们认为他有照相术一般的记忆，称他为书虫。尽管他挺热衷于运动，但动作却很笨拙。他对自己的财务业绩侃侃而谈，谈话时带着喜悦，有很强的感染力。每当沃伦一开口说话，朋友们就会立即竖起耳朵。他并不是要说服别的孩子加入他的行列，而只是吸引他们的注意力——就像父亲称呼他的那样：一个吸引飞蛾的火球。

　　在他念高年级以前，他对未来职业的打算是专门从事投资。他坐在家里吃早饭时，别的男孩在这个年龄的时候只会留意阅读体育版，而他却已经在研究股票图表了。关于他是这方面专家的猜测之语纷纷流传到学校，连老师们都想尽办法想从他那里挖出一些关于股票的知识。"他们都认为我对股票很懂，而我在想如果我做空了，我一定会让他们对自己的退休金产生恐慌。"

　　这个温顺的孩子为何拥有如此的美誉？沃伦从未在股市上有过任何漂亮的业绩，然而人们都觉得他是内行。他有某种与生俱来的东西，并不仅仅是早熟，还在于他那种把知识以合乎逻辑的方式表达出来的本事。引用丹利的话来说，"他似乎有超常的洞察力，他谈论一件事情的方式让人深信他确实很清楚自己究竟在说些什么"。

1947 年沃伦中学毕业时在 300 多人的年级里排第 16 名（丹利则名列榜首）。威尔森年鉴上对沃伦的描绘是：有双明亮的、流露着渴望的眼睛，整齐中分的头发和温驯的笑靥。标题上注着"喜欢数学……是一个未来的股票经纪家"。

之前，沃伦挣了一些钱，这些钱有的来自他和朋友开的卖报纸，有的来自威尔森角子机公司（他们把二手弹球机放在理发店里，让那些等待理发的顾客玩耍，并和理发店业主达成分成协议），还有的来自他投资的内布拉斯加的一块 40 英亩的农场。另外，沃伦已经读了 100 本以上有关商业的书籍。

做报刊生意的初中生

巴菲特一家搬到了坐落在华盛顿外围的一套四居室中。房子由刷白的砖块砌成，前面有一个敞开的门廊，还有一个直通屋后的斜坡车道，房子后面是成片的树林。

沃伦 13 岁时，就围着《华盛顿邮报》这份报纸开始了新生活：他成为送报的一分子。为此，他登记了他的收入并提交了纳税申报表——他坚决不要父亲纳这笔税款。

但是，当沃伦完成送报工作后，他一点儿都不开心。在艾丽斯迪上初中时，他给老师招来不少麻烦，而且学习成绩也平平常常。

由于沃伦在班上年龄偏小，又
跳过一级，而且还戴着眼镜，
这让他仿佛置身于学校主流之
外。他总是不修边幅，连校长
都提醒利拉该好好给他修整一
番了。

在这个不快乐的年头的 6
月份，沃伦和密苏里国会议员
的儿子罗杰·贝尔，还有一个
好朋友，一起搭车往宾州的赫
希去了（这次是瞒着家人）。
沃伦知道那儿的一个高尔夫球
场，觉得他们可以在那儿逗留几日当当球童。

他回来后，霍华德和利拉对他的行为感到震惊，尽管他们在沃
伦返回华盛顿后对他很和蔼，霍华德打定主意要及早阻止他这种一
门心思挣钱的行为。霍华德告诉沃伦他必须提高成绩，要不然就得
放弃他的送报工作。

而这句话像是给沃伦的送报工作打了一剂补药。他不仅没有放
弃，送报的路线反倒增加了许多。他很快从《时代先驱》那儿得到
一条路线，《时代先驱》是与《华盛顿邮报》竞争的早报，它的路
线所覆盖的区域与沃伦送《华盛顿邮报》的区域完全一样。正如巴
菲特后来回忆的，如果一个订阅者取消了一种报纸而订了另一种报
纸，"第二天我就会容光焕发"。不久，沃伦拥有了五条送报路线，
每天早上约有 500 份报纸要送。利拉早上起床给他准备早餐，沃伦

五点二十分以前便出了家门去赶开往马萨诸塞大街的公共汽车。有时候他病倒了，利拉会帮他去送报，但她从不索取他挣来的钱。利拉写道："他的积攒是他的一切，你根本不敢去碰他装钱的那个抽屉，每一分钱都必须好好地待在那里。"

沃伦把坐落在教堂大街的韦斯特切斯特公寓看做皇冠上的宝石。那是由红砖砌成的八层的有尖顶的建筑群。他很快建立了一条"装配路线"。他总是将每幢楼的报纸一半放在第八层电梯平台上，另一半放在四楼。然后他就在各幢楼之间往返，一层一层地把报纸放在每户门前。到了收费那天，他会在前台放个信封，这使他不用挨家挨户去收。

当巴菲特一家回到奥马哈度夏时，沃伦把他的送报工作托付给了一个朋友——沃尔特·迪尔，然后教他如何去做。迪尔还记得沃伦这样告诉他："你面前堆着那么大一堆报纸——就像一座山。但其实它只需花你约一小时外加一刻钟的时间。这的确是一条很棒的路线，所有的建筑物都通过地下相连，你根本不用走出去。"考虑到可以通过增加产品来提高利益，沃伦同时也在公寓里兜售杂志。巴菲特回忆起他的某些顾客时说："我总是把他们的杂志放在楼梯口。你可以通过撕下地址标签来通知他们订阅期满了。就这样，我对每个人的订阅期限了如指掌。"

尽管公寓被视为非常高贵的地方——沃伦在电梯里碰到过杰奎琳·布维尔——他还是会遇到不给钱的问题。战时的华盛顿，人们频繁地搬进搬出，有时就会忘了把报纸钱给他。于是沃伦就和电梯间的女孩们达成一项交易，她们可以得到免费的报纸，而一旦有人要搬走，她们就会向沃伦提供消息。

　　简单地来说，沃伦把他的送报工作做成了一项大生意。他每个月可以挣到 175 美金——这可相当于许多全天工作的年轻人的月收入——而且存起来每一毛钱。在 1945 年他只有 15 岁的时候，他取出利润中的 1200 美元，将它投资到了内布拉斯加的一块 40 英亩的农场上。他成了农场的主人，有佃户定期向他交租。

宾夕法尼亚大学的两年生活

　　1947 年沃伦中学毕业后，父亲想让他去附近的宾州大学沃顿商学院的财务和商业系念书，沃伦认为在这所学校里只会浪费青春。霍华德耐心地提醒沃伦他还有两个月就满 17 岁了。最后，沃伦答应了。8 月份的时候，沃伦和他的朋友把威尔森角子机公司以 1200 美元的价格转卖给一个退伍军人，这时，沃伦已经有 6 000 美元的存款了。他揣着他的积蓄和对股票的梦想直奔沃顿而去。

　　这一次霍华德真的错了。尽管沃顿声誉显赫，但它的课程设置都缺乏新意。沃伦厌倦地说他比教授懂得要多。他的不满情绪——同时也是他对商学院总体的不满情绪——来自于学校那种走极端的方式，他的教授们有一套完美的理论，但却在如何赚取利润的实践细节上表现得十分无知，而后者正是沃伦所渴求的知识。

当沃伦回到奥马哈时，玛丽·福尔克提醒他不要太荒废学业。他毫不在乎地回答："玛丽，我所做的一切只需在头天晚上打开书，喝一大瓶百事可乐，然后我就可以考100分。"

事实上，他在费城的交易所里耗去了大量的时间，他跟踪各类股票的行情。但他并没有建立一个专门的投资体系——如果他有，那倒很危险。他会研究图表，也会听听内部消息，但他没有任何框架结构，他正在寻找。

大学一年级时，沃伦和查尔斯·彼得森同住一屋，查尔斯是奥马哈人（后来成为沃伦的首批投资者之一）。沃伦很快结识了哈里·贝雅，这是个和沃伦一样错误地来到这个校园的墨西哥人。贝雅是校园里最严肃的学生，但沃伦常常开玩笑说他和墨西哥的"印第安人"居住在一起。他们两在工业课里都得了A的成绩，但贝雅不得不注意到自己在这门课上花的功夫比沃伦要多得多。然而，尽管贝雅对沃伦轻而易举获得的成绩深为不满，但他不得不承认他确实喜欢沃伦。贝雅把他看做自己理想中的那类美国人：诚实，平易近人，不摆架子的中西部人。

沃伦从贝雅的同屋，一个名叫杰里·奥兰斯的布鲁克林人身上发现了另一种性质相似的精神。他们在举重房里碰面，肩膀宽阔的奥兰斯立即感到沃伦是一个"天才"。和沃伦一样，奥兰斯的情绪有些波动，他害了严重的思乡病，于是第一年的大多数日子都在眼泪中打发了。但奥兰斯有着敏锐的机智和热情的笑容；人也很聪明，沃伦和他结成了亲密的朋友。

奥兰斯是巴菲特的投资者和终身追随者，他后来建议贝雅也投资，但贝雅想要证明他自己照样能干得好。

后来贝雅说，奥兰斯一年打几次电话给他，说沃伦是多么的富有，"他正在蒸蒸日上"。

就在不知不觉中，沃伦为将来的投资公司播下了种子。但在那时，他并不觉得自己有什么方向。在宾州大学待了一年以后，他很想出来，但父亲坚持让他再试一年。

大学二年级时，沃伦住在阿尔法·西格玛的房子里，这是耸立在斯普鲁斯大街上的维多利亚风格的大厦。他对他兄弟会里的兄弟们怀有一种矛盾的心理——不太冷淡，但又不太能融入他们之中。但是沃伦渴求某种智慧的或财务方面的刺激。沃伦的伙伴们都很佩服他的才智。沃伦回忆说，他可以读一整篇文章，然后死记硬背就背诵出来。在课堂上，当有个研究生院讲座人重述课文中的一个答案时，早已经记住答案的沃伦就脱口而出"你忘了逗号"。此外，他对教工巧舌如簧的抨击让他的伙伴听得都入迷了。沃沦的兄弟会中的一个成员——理查德·肯德尔说："沃伦得出结论说沃顿没有什么东西可以教他，他所说的确实很对。"

在 1949 年夏天当这帮兄弟回到沃顿时，他们惊异地发现沃伦不见了。韦基奥说："在第二年他突然消失了，再没有任何人得到他的消息。"也就是说，他又一次出逃了。

他的父亲被击败了，于是全家回到了奥马哈，剩下沃伦一个人留在东部。在沃顿没有任何可以留住他的东西——没有送报挣钱，没有弹子球。于是他转到熟悉的内布拉斯加大学念书，他父母就在那里相识。沃伦解释道："内布拉斯加令人留恋，沃顿却令人厌倦。"

巴菲特的引路人——格雷厄姆

1950 年巴菲特申请哈佛大学未被录取，考入哥伦比亚大学商学院，拜师著名投资学理论学家本杰明·格雷厄姆。在格雷厄姆门下，巴菲特如鱼得水。格雷厄姆反对投机，主张通过分析企业的赢利情况、资产情况及未来前景等因素来评价股票。他传授给巴菲特丰富的知识和投资的诀窍。

格雷厄姆个子不高，一双蓝眼睛炯炯有神，厚厚的嘴唇——"有趣的小个子，有几分丑陋"，一位合伙人这样说他，但是他闪烁着智慧的灵气。

从格雷厄姆第一次在黑板上写股票那一刻起，巴菲特就被深深地吸引住了。巴菲特曾交易过股票，研究过市场，也咨询过专家，希望有所领悟——领悟图表中隐藏的某些神秘的内部关系以及某些可以让他发财的东西。当然，这并不比当年他趴在赛马场地板上搜寻被遗弃的票根更加投入。有的股票可以投资，而更多的股票则不能投资。

本杰明·格雷厄姆亲自和他谈话，他教给巴菲特各种手段去探索市场中形形色色的可能性，并且所用的方法很适合巴菲特学习。学习到格雷厄姆的技术之后，巴菲特就能用上自己的才能了。

在格雷厄姆性格典范的引导下，巴菲特决定按自己的想法独立工作——充满了父亲曾说过的爱默森"出众的"独立性。

格雷厄姆不只是巴菲特的导师，正是格雷厄姆给这座令人惊叹而止步的城市——股票市场绘制了第一张可信的地图，他为择股奠定了方法论的基础，而在此之前，股票买卖与赌博这门伪科学毫无差别。

格雷厄姆的著作都颇具创意，但在他的著作中，他并没有完全阐述他曾给门徒们传授过的东西。与华尔街其他的企业家不同，格雷厄姆敞开自己的思想，让他人自由地分享他的观点。

在巴菲特来到哥伦比亚的前一年，出现了这个问题的答案。《聪明的投资人》把格雷厄姆的哲学精简成"安全边际"。他说，一个投资者应该在他愿意付出的价格和他估计出的股票价值之间保持一个差价——一个较大的差价。这同留些余地给驾驶汽车中可能出现的偏差是一个道理。如果余度留得足够大，投资者就应该是很安全的。但如果他不这样做又会怎样呢？答案是：股票持续下跌。假设企业没有什么变化，投资者就不该再迷信行情机，不论形势有多么的严峻。

对于巴菲特来说，格雷厄姆的观点具有非常大的启迪意义。他已经用过所有的投机技巧了，他也弄到过股票的内部消息，玩过马吉表——搞了一个系统又一个系统，美其名曰为跟随潮流的步伐。现在他有了一种投资的方法，让他不必再去模仿"B、C和D"。（股票投机主要就是A试图判断B、C、D会怎么想，而B、C、D也同样对A作着判断）

巴菲特发现格雷厄姆的个性有很强的感染力，他看上去与爱德华·G·罗宾逊十分相似,他的讲座也充满了戏剧性气氛。有一堂课上,格雷厄姆描述了 A 与 B 两张差别巨大的资产负债表,结果都是波音公司的表——只不过它们分别是在飞机制造史上的高潮和低谷的不同时刻罢了。

1950 年格雷厄姆有 20 个学生,大多数人都比巴菲特年纪大许多,还有些人已经在华尔街股市工作了,但有意思的是,讲座变成了双向的研讨形式。格雷厄姆采用了苏格拉底的授课方式,提出一个问题,然后在他还没来得及开口说话时,这个来自奥马哈的 20 岁的小伙子就会把手举得高高的。

格雷厄姆很少评论巴菲特回答的准确性。因为他不想把整个宇宙包容到一个球里。通常他会说:"很有意思。究竟是何种想法使你得出那个结论呢?"

格雷厄姆所看重的是便宜的股票——"雪茄烟蒂"或是几乎可以免费得到的股票,就像抽过的雪茄烟蒂一样,也许还会有一些有用的东西在里面。

在他那年布置的作业中有一次就是调查交易价位低于 5.31 美元的股票的业绩。

巴菲特还学会了阅读财务报表的每个细节,以及如何发现其中的作弊现象。更为精妙的是,格雷厄姆教会他如何从一家公司的公开信息材料中得到对其证券价值的客观评判。

巴菲特对这些知识的运用绝不仅仅局限在理论上。格雷厄姆的讲座谈的都是真实的股票,对于学生们运用他的观点可以获利丰厚这一事实,他从来都很淡泊。到 1950 年时 56 岁的格雷厄姆名声大噪,但他的态度与 1930 年时没有任何差别。

　　格雷厄姆对其他人也有同样的影响。尽管总体而言他对这些都表示沉默，他对自己的学生有一种像父母般的疼爱之情。杰克·亚历山大心目中的格雷厄姆"几乎像一个父亲的形象"。这种形容很不寻常，因为这多半是由他的学生而不是由他的子女表达出来的。

　　而在20世纪50年代如果谁能成为格雷厄姆的学生，他就能拥有一种特殊的地位。华尔街排满了"雪茄烟蒂"，一个人所要做的只是运用工具，开动脑筋去认识区别它们。在未来的金钱管理者们看来，格雷厄姆在哥伦比亚大学里掀起了一阵热浪，就像20世纪的年轻作家在巴黎的咖啡馆里坐在距海明威不远的桌子边所感受到的震撼一样。

沃伦与苏珊的爱情生活

　　巴菲特毕业后回到了奥马哈，开始追求一位著名的部长兼心理学教授的女儿——苏珊·汤普森。她的家人是巴菲特家的朋友，她的父亲曾促成了霍华德一次选举的成功。而且，苏珊在西北大学念书时还和沃伦的妹妹住一间寝室。

苏珊有着非常明媚的笑脸，圆圆的下巴，黑黑的头发卷曲着垂在颈旁。她的性格很活泼外向，给人的第一印象有点轻浮，甚至是有点没有头脑。

但是事实却与此相反，苏珊体弱多病。她曾受过耳痛的折磨，耳朵常常被刺破；她还因风湿热长期待在家里。她的家人努力想通过他们的关怀、呵护来弥补她的不幸。

苏珊清楚地意识到自己在一种绝对的爱的包容里长大成人。战胜疾病之后，她获得的不仅仅是健康，她体验到了一种自由的激动。她说："免受疼痛折磨真是太好了，在我还很小的时候就明白了这一点。"

一直到她成年，苏珊似乎经历了所有沃伦没有经历过的情感。她对接触其他人有着极高的兴趣。天生富有同情心的她，总能用平和的方法将别人的话题引出来，尤其是在感情这个层面上。

更特别的是，苏珊对死亡有着迷的感觉，但它恰恰是一直困扰沃伦的感觉。在病中的某个时刻，苏珊对死亡的恐惧就已经消失了，而现在她渴望和那些在死亡的床榻上挣扎的人在一起，减轻他们对死亡的恐惧。沃伦从逻辑的角度来考虑死亡，并且想离死亡越远越好，而苏珊则从精神的角度来涉及死亡的问题，并且总是希望用自己的手抓住它。

在 1951 年的夏天，沃伦对苏珊一见钟情，但苏珊没有丝毫爱他的意思，她被他那些绕脑筋的游戏给烦透了。每当沃伦来拜访她，她就从后门溜走。沃伦说的那些自己以后会很富有的话在苏珊听来毫无意义。此外，苏珊回忆说，她当时"正疯狂地爱上了别的人"。于是沃伦只有勉强地去和苏珊的父亲打交道。

据苏珊回忆说，沃伦每天晚上都到她父母的屋里弹奏尤克里里琴。她父亲从 20 岁起就弹奏曼陀林，因此他特别高兴有人来一起合奏。于是沃伦每晚都来弹，而她则和"那个别的人"出去了。

"那个别的人"正是米尔顿·布朗，联合太平洋公司一名邮件搬运工的儿子，他在高中和在西北大学念书时就一直和苏珊约会。苏珊的父母反对他们约会，而且从不邀请布朗来家里拜访。身无分文的布朗在苏珊的女生联谊会里也是不受欢迎的。对于努力想挣脱出重重呵护的苏珊而言，幼年经历苛刻暴躁的教育方式的布朗具有很大的吸引力。但是最终苏珊还是向父亲让步了，在和布朗分手之后，便离开了西北大学。

而这个时候，沃伦一直精明地关注着事态的发展。他告诉多克·汤普森，"这个犹太人能配得上苏珊，克丽丝丁娜也配得上你。"他所说的犹太人能配得上苏珊，实际的意思是说苏珊可以从他那里发现足够的地方去表示同情、关怀。苏珊的姐姐回忆道：我父亲立即喜欢上了他。每次我家吃过晚饭后，他就会过来。她洗着碗碟，而他就坐在凳子上，弹着一把尤克里里琴或者是一把小吉他，还唱着歌。沃伦确实有一副非常迷人的嗓子。

苏珊的父亲是一个固执的人，他总是对苏珊说她应该和沃伦一起出去走走。苏珊很敬仰自己的父亲，因此也很尊重他的判断。

她终于和沃伦开始约会了。她喜欢他的幽默风趣，于是他们之间泛泛的交往发展成了一段浪漫的恋情。在沃伦的人际圈里，苏珊具有最深刻的理解力。沃伦回想起来说，自己一直很孤独，直到遇到她才有了改变。

在 1952 年 4 月的第三个周六，在透明的面纱遮掩下，穿着一袭缀着仙蒂尼蕾丝花边的长裙的苏珊嫁给了沃伦。在驱车去加利福尼亚度蜜月的路上，他们在奥马哈外面的威格沃姆咖啡屋停了下来，共同享用了他们的第一餐。

巴菲特婚后的家庭生活在一套每月 65 美元的三居室公寓里开始了。想到沃伦曾经作出的变为富有的人的许诺，苏珊很失望。这个地方是如此破落不堪，在晚上甚至有耗子爬到他们的鞋子里去。沃伦对金钱抠得很紧，当夫妇二人有了女儿以后，他们在一个梳妆台的抽屉里给女儿铺上了床。

奥马哈大学教"投资学原理"

巴菲特通过在奥马哈大学教"投资学原理"使自己的技能日臻完善。他的学生们都是 30 至 40 岁的人，他们中许多人都是医生。当这位瘦瘦的、领口敞开的 21 岁的老师走

进来的时候，这些医生们不禁发出一阵窃笑。

巴菲特马上谈到了格雷厄姆。"在他谈了 5 分钟以后，你就彻底服了他了。"一位名叫利兰·奥尔森的产科医生说道，"他并不是自卖自夸，他很随意。"

巴菲特以《聪明的投资人》为基础教了好几个学期。但是他不时地用几个生活中的故事或是几则智者箴言来活跃一下课堂的气氛。他的表达很简洁，语速恰到好处。

作讲座时，巴菲特站在桌子后面，笨拙地弯着右臂，这样他的肘部就正抵着髋部，而他的手就放在下巴那儿，仿佛他正拿着电话听筒。然后他会伸出左臂抓住右肘，仿佛确保它不要倒掉。接着他盯着学生们头顶上方，就好像他很害怕和学生们目光相碰似的。

他说话的时候带着强烈的热情，引得学生们都听得入神了。伊丽莎白·察恩是个西班牙语教师，1953 年和她丈夫——IBM 公司一个销售人员一起入学。巴菲特的举止把她深深吸引住了，她对巴菲特每一个手势都能描绘得细致入微。尤其是那些表面上的相互矛盾使她颇感迷惑：巴菲特非常"心不在焉"，但与此同时，他对自己所说的东西又非常投入。他那种非正式的举止是一种非同寻常的集中的品质所触发的。"甚至在心不在焉时，我对他的印象都很深刻。"察恩回忆道。

当巴菲特陷入沉思时，他会在房间里来回走动，害羞似的低着头。正如察恩所担心的一样，他会撞到墙上然后折头往回走，之后在另一头再次发生同样的情况。没有任何事情能让他分神。巴菲特会从一点走到下一点，再下一点，就像铁轨一样笔直向前，就仿佛他的脑海里绘着一张讲座的蓝图。

巴菲特不会像格雷厄姆一样泄露有关股票的内部消息，学生们却想间接地试着套出一些。他们会装做若无其事的样子，询问有关某家公司的消息，而巴菲特则会将他们一笑拒之。察恩甚至还大声地读过一首悲伤的歌谣：亲爱的商业交易顾问哟，是我们在哭泣，为什么噢，你不告诉我们你买了些什么。

巴菲特笑了，但是这毫无用处。事实上这个年轻的销售商建议同学们不要去经纪人那里套小道消息。所有共享的信息都会令人神经紧张，他认为这些消息很有可能被任何一方滥用。大多数小道消息，都没有什么价值，这也就是它会在经纪商之间传来传去的原因。但是好的主意是非常私有化的，他视它们为自己的创造。

跟随格雷厄姆工作

当格雷厄姆给巴菲特打电话来说给他推荐工作时，巴菲特连工资是多少都没问一句（结果工资是年薪 12 000 美元），就搭上了班机。

格雷厄姆－纽曼公司坐落在 42 大街的查尼大楼。它在一个大玻璃灯泡下设有一个股价行情屏幕，不停地发出滴答声。公司共有 6 名职员，巴菲特和沃特·施洛斯共用一间小屋，后来又和汤姆·克纳普共用。和其他人一样，巴菲特穿着一件灰布夹克，花许多时间在标准普尔股票指南上寻找公司。据克纳普说，巴菲特从最开始起就非常自信。"我以为他的父亲一定答应给他或是借给他一些资金。他说不是这样的，他想从零开始创业绩，而且他希望自己挣来的收入非常正当。"

格雷厄姆－纽曼公司有买进股票的一些选择技巧，格雷厄姆热衷于猎取那些便宜极了的股票。当巴菲特或另一个助手发现了这种股票，他就会把它交给格雷厄姆。格雷厄姆当场决定是否买入它们。

不用说服格雷厄姆，对于他来说一种
股票只会要么符合他的标准，要么不
符合，他通过数学就能作出判断。

巴菲特遇到的麻烦在于他找到的
股票比他可以操作的股票要多。他仔
细读过标准普尔指南，似乎急着想要
把格雷厄姆的所有作品都给复制下来。

有一次，一个费城的经纪商以 15
美元一股的价格提供给他一种不知名
的叫做家庭保护公司的保险股票。由
于没有关于它的公开资料，因此没有
办法对它进行估价。但是巴菲特找到
了位于哈里斯堡的州保险办公室，搜
集到了一些数据。他所看到的信息足
以说明家庭保护公司股票绝对是便宜货，但是杰里·纽曼拒绝要它。
于是巴菲特和克纳普在自己的户头买进了一些，一段时间以后，它
就上升到 370 美元一股。

巴菲特还发现新贝德福德联合铁道股票正以 45 美元的价位交
易，而每股单算现金值就达 120 美元。巴菲特简直不敢相信自己的
运气，但格雷厄姆却不为所动，巴菲特又一次自己买进了一笔。

巴菲特第一年就一举成功。1954 年位于布鲁克林的巧克力股份
公司——罗克·伍德公司，宣布用可可豆赎回部分股票，他们有大量
的可可豆库存。巴菲特推断认为用股票换回可可豆的同时再在商品
市场出售可可豆——目前可可豆市价很高——将赚到巨大的利润，正

如他后来形容的："许多周以来我一直忙着买股票、卖豆子，然后在施罗德信托公司作暂时停留，把股权证换成仓库收据，利润相当可观，而我唯一的花费仅仅是乘地铁的费用。"

这种交易，利用了不同市场的价格差异，被称为套利。套利在格雷厄姆－纽曼公司的手册中是一个主要的部分，但是在它的应用方面，巴菲特却遥遥领先。

事实上巴菲特在任何事上都快人一步。格雷厄姆能够把满是一栏栏数字的一页纸浏览一遍，然后指出其中的一个错误，这能力让他的学生惊叹不已。而巴菲特比他更胜一筹。

格雷厄姆把巴菲特当做他门徒中的精英，并且承认他们两人之间有相似之处。一天，当他们去吃午饭的时候，格雷厄姆说："沃伦，金钱对于你我而言没有任何差别，我们是一样的，我们的妻子都会过得更好的。"

格雷厄姆是个很有头脑的上司，巴菲特的儿子出世的时候，他送给巴菲特一台摄像机和一台影像放映机——对于一个仅仅被雇几个月的雇员而言，这可谓是一份大礼。在格雷厄姆自己的生日那天，他会向雇员们分发礼物，表示对自己出世感到无比幸运。

但巴菲特在格雷厄姆－纽曼公司还是受到了一些挫折。他手头的基金资本只剩下5万，这几乎无法支撑大量的投资活动。巴菲特的机会受到了限制。这与巴菲特想象中开创事业的方式有很大差别。

有意思的是，格雷厄姆－纽曼公司的股票需求量是如此之大，它们以高于证券组合价值200美元的溢价交易，大约达到了1 200美元。要是格雷厄姆早点动手的话，他早就把他的业务扩成一项大生意了。但是格雷厄姆的首要目标并不是挣钱——而是要避免损失。

　　巴菲特感兴趣和追求的是一家企业比另一家更成功的原因，格雷厄姆则盲目地信任公司管理能力，因而并不赞成巴菲特到其他公司去拜访。格雷厄姆这种公式化的方法使他吃了大亏。

　　格雷厄姆-纽曼公司的业绩相当不错，但并不十分可观，从1945年到1946年它每年赢利17.4%，和标准普尔500的水平相平齐。然而这个数字并没有包括它最成功的投资项目——GEICO股份——它们已经分配给格雷厄姆-纽曼公司股东了。所有在1956年一真持有GEICO股票的人都获得了比标准普尔500高出一倍的收益。

　　但是巴菲特自己的投资取得了更好的成绩。自从1950年离开大学校园以来，巴菲特的个人资本已由9 800美元激增到了14万美元。现在他有了资金，他又想回到家乡奥马哈了。站在火车站站台上，四周满是纽约的人潮来往，他明白这并不是他向往的生活。

第二章 "股神"巴菲特的投资创业

在离开格雷厄姆的公司后，巴菲特开始了他漫长的创业之路，成立了巴菲特合伙人投资公司，并不断地筹集资金，购买优秀企业的股票。巴菲特从零开始，逐步打造出一个金融帝国，这个帝国不仅具有匪夷所思的经济价值，而且更具有超越世俗金钱的永恒价值。这是怎样的一个过程呢？

组建合伙企业独立创业

在 1956 年的春天，巴菲特和苏珊在离自己家两个街区远的地方租了一间房子。这次巴菲特再也没有受雇于人的念头了。他 5 月 1 日刚到奥马哈，就把一帮家人和朋友们组织起来。有限的 7 个成员是：姐姐多丽丝和她的丈夫，艾丽丝姑妈，多克·汤普森——他以前的室友，汤普森的母亲，还有他的律师丹·莫内——一共

筹集了105 000美元的资金，巴菲特作为总合伙人，投入了 100 美元，虽然这是个很小的数目，但是巴菲特不再受雇于人了，而是在为他自己的合伙企业赚钱。

那段时间，格雷厄姆－纽曼公司的一位投资者，同时也是一位物理学家的霍默·道奇向格雷厄姆提了一个人们常常提起的问题："谁将继承您的衣钵？"格雷厄姆暗示说是沃伦·巴菲特。当道奇往西去度暑假时，经过奥马哈。他和巴菲特简短地谈了几句，然后答应投入 120 000 美元的资金。

在他的业绩还只处于中等水平的时候，巴菲特这种令人敬畏的自信心正是激励他的动力。在 1957 年的时候，巴菲特还仅只是为几个亲戚朋友掌管着区区 30 万美元的数目。如果他想要更大的发展的话，就要筹集更多的资本，但除了他那令人惊愕的自信以外，有什么能吸引投资者呢？

巴菲特没有作为独立操作者的辉煌业绩，没有任何明文表达的东西可以说明他值得大家信任。而且他不仅仅要求能自由运用客户的资金，他还想绝对地控制它。他不希望任何人过问他在股票上所做的决策。

1957 年的夏天，巴菲特接到了一位叫埃德温·戴维斯的奥马哈著名医生打来的电话。他们从未见过面，但是戴维斯的一位病人，一位叫阿瑟·威森伯格的纽约投资顾问听说巴菲特正在努力筹集资金，于是他建议戴维斯打电话给巴菲特。尽管戴维斯对投资于这样一个乳臭未干的新手颇感疑虑，但他还是同意见巴菲特一面。在约好的那个星期天，他召集全家人一起对这个年轻人作一番评价。在他的第一印象中，巴菲特的确令人大吃一惊。

门铃响了，走进来一个看上去只有 18 岁的小伙子。他梳着非常短的头发，显得过于男孩气了。他的领口敞开着，每个人都注意到了他显得十分肥大的外衣，他讲话语速非常快。

这对巴菲特而言是一个相当重要的时刻。戴维斯医生能够给他资金，而更重要的是一种肯定。如果他能和戴维斯签约，那他就绝不仅仅是为他的亲戚朋友进行投资了，他将从此跨入职业投资者的行列。

但是巴菲特并没有营造出令人满意的气氛。他的某些语句是想故意引起戴维斯的注意。他对他们说他不会披露他们资金的投资去向，他会给他们一个年度成果总结，其他的便什么都没有了。同时，巴菲特每年只有一天"对外办公"。在12月31日那天，戴维斯可以增加或抽回资金。其他情况下，资金都将由巴菲特单独处置。但巴菲特向他保证，他一定会遵循格雷厄姆的原则来做的。他陈述的内容，不带任何修饰，但是非常清晰。虽然巴菲特对戴维斯资金的需求如此迫切，但是他只想以他的条件来得到对方的资金。

如果巴菲特做不出什么业绩，他就会什么都得不到——没有工资，没有代理费，什么都没有。据医生的女婿李·尔曼说："这件事情很快就定妥了，我们喜欢这样。你知道你和他所处的位置。"

巴菲特离开后，戴维斯从各个角度又考虑了一番。从客观的角度来说，他们没有任何根据可作判断。但医生的妻子，多梦西表示她"喜欢这个年轻人的各个方面"。

到了年末的时候，巴菲特已经经营着5家小型合伙人企业，总资本有50万美元。就是这一年，他的投资组合赢利达10%，轻轻松松地超过了道·琼斯工业指数。

成立"巴菲特合伙人有限公司"

巴菲特合伙企业在
1958 年赢利上升到达
41%，比上涨 39% 的
道·琼斯指数略高出一
些。到 1961 年末，巴菲特
的合伙人企业的原始资金
已翻了一番。

他还在招集新的投资者。他和朋友们签约，比如来自哥伦比亚
的弗雷德·斯坦贝克、唐·丹利，还有杰里·奥兰斯。他找到邻居和从
前的学生，他还和利兰·奥尔森，那个曾听过自己课的产科医生签
了约。

巴菲特选出廉价的小股票。他的才智并没有反映在他的经营范
围上，那只局限于投资业，他分析每个公司的情况，然后记在脑子
里。一旦某个公司的股票变得便宜了，他便猛然出击。

美国国民火灾保险公司是人们所见过的最不景气的公司，它是
一个设在奥马哈的保险公司，由银行业巨头霍华德·F. 阿曼森和他
的兄弟海登掌控。

它的股票于 20 年代末被分销给了内布拉斯加的农场主们,此后这个公司便被公众遗忘了。现在阿曼森兄弟以 50 美元一股买回股票。虽然他们的出价很低,但是由于这种股票没有公开市场存在,股票持有者们逐渐开始出售了。

与此同时,巴菲特发现了这个廉价的股标。但是他找不到股票可供他买进。他和他的律师好友唐·莫内恩跑去参加该公司的股东年会,但是海登·阿曼森很不礼貌地拒绝让他们看股东名单。于是巴菲特建议莫内恩开着车满州找股票。莫内恩经不住巴菲特的怂恿,驾着一辆雪佛莱向内布拉斯加最远的角落出发了。不论是在乡村法院、银行还是其他类似的地方,莫内恩每看到一个人就向他提出以 100 美元每股收购。最后巴菲特和他的合伙人得到 10% 的股票,赚的钱超过了 10 万美元——这是巴菲特首次击出的一记重拳。

巴菲特在 1958 年和 1959 年间买进下跌的桑伯恩地图公司的股票,他对格雷厄姆的陈述深信不疑,"股票迟早会上升回归到自己的价值"。

但是它并没有回升。公司董事会的董事们只拥有约 400 股股份(另外有大约 105 000 股流通在外),由于状况不佳,只能任凭股价逐渐下跌。事实上,他们坐吃山空,在 8 年里曾五次削减红利。然而,巴菲特注意到,委员会的成员却从来没有因此而减少自己的薪金。所以他游说管理层去发掘投资组合里隐藏着的秘密价值,然而却遭到了管理层的拒绝。

同时,尽管巴菲特告诉他的投资者们他把 35% 的资产投入到单一的股票中去了，但他没有对自己的投资者们提到桑伯恩。当时，对桑伯恩公司现状不满的大股东还有另外两家，于是股东们开始煽风点火。

在1960年，桑伯恩董事会妥协了，愿意买回股东们持有的全部股票。巴菲特从中赚取了约50%的利润。他在泄秘给合伙人的信中说："这确实说明有必要对运作情况进行保密，而且在短时间内衡量我们的业绩纯粹是徒劳。"

那些凭着直觉和巴菲特签约的人认为他那种孤僻性情正是他的吸引人之处。

巴菲特刚满30岁那年，即1960年，他遇到一个更热心的合伙人，一位叫威廉·安格尔的友善的心脏病学家。威廉·安格尔为巴菲特做了一个火车模型放在阁楼上，而且愿意为他做任何事情。他为巴菲特召集了11个医生，每人投资1万美元。

第二年，巴菲特在一家公司身上下了他有史以来最大的一次投入——100万美元，要是这帮医生知道了一定会目瞪口呆的。登普斯特尔机械制造厂是在距奥马哈南边90英里的内布拉斯加的比阿特丽斯的一家有80年历史的风车和农用工具的制造厂，风车制造生意无法效仿施乐公司，因此登普斯特尔在停滞的销售和令人担忧的利润中苦苦挣扎。巴菲特几年前就研究过这种廉价的典型的格雷厄姆式的股票。1961年他迫不及待地买下了达到控股程度的股份额，把他合伙人资产的1/15投了进去。

与此同时巴菲特也在纽约筹集了大量资金。巴菲特和温伯格交上了朋友，温伯格和他的兄弟们投入了 10 万美元资金。另一个经纪商朋友亨利·勃兰特，也作了投资，并且还向自己的客户推荐了巴菲特。劳伦斯·蒂施，曾是被霍华德·纽曼（格雷厄姆－纽曼的前身）开除的一个人，也投入了 10 万美元资金。然后便是一个叫戴维·施特拉斯尔的纽约人——他的家族所做的生意主要是挽救陷入困境的企业——当即决定投资。

想每年都超过道·琼斯指数确实是非常困难的，但巴菲特显然战绩赫赫。在第一个 5 年中，巴菲特合伙企业就把道·琼斯指数远远抛在后面了。以 105 000 美元起家的巴菲特合伙人公司，到 1962 年达到了 720 万美元的资本，比格雷厄姆－纽曼在鼎盛时期的增长速度还高，其中总共有 100 万美元是属于巴菲特个人的。

巴菲特尽管还是小人物，但已通过了检验。尽管他还尚未在公众中名声大噪，但他已不是无名小卒。最初的由 7 个核心组成的投资团发展成为拥有 90 人的投资组合，其成员从加州到佛蒙特，济济一堂。

随着投资业务范围的扩大，巴菲特的起居室已经不够用了。于是他把几个合伙人企业合并成了一个：巴菲特合伙人有限公司。他把最小投资额扩大 4 倍达到 10 万美元。而且他把办公室移到了凯威特广场，这是座位于法内姆大街的白绿相间的 14 层高楼。

耐下心来改造糟糕的企业

奥马哈商业区边缘的一座小山尖上有一个凯威特广场，周围混杂分布着简陋的路边商店、公寓和一座年久的铸钢厂。巴菲特的办公室只求实用。正如巴菲特向他的合伙人保证的那样，他不会太挥霍。在巴菲特看来，这个办公室像一座宫殿。他有一个秘书和一个助手可以使他从管理的琐碎小事中解脱出来。于是，他就有更多的时间花在信评机构穆迪公司上。他还有多余的地方可以租给病了的父亲。而且办公室和他家就在同一条街道上——就好像一条两英里的过道连接着他的卧室和书房。

巴菲特终日忙于阅读年度报表和商业刊物以及在电话上交谈，尽管有越来越多的报告和股票要分析，但是他的心情仍十分乐观。只是他的生活相当单调，他常常一个人订一份奶酪堡和法国炸鸡当作午饭。他的职员们对他选择股票的情况知道得并不比他妻子更多。

巴菲特办公室外的顾问在几里以外的地方。他在给合伙人的信中常提到一位"西海岸的哲学家"朋友，这个笔名足可以暗示出此人的影响力。查理·芒格，他比巴菲特高六级，也是在奥马哈长大的。他的父亲是律师，祖父是一名法官。他是埃德温和多梦西·戴维斯家的好朋友，同时也曾每周六在巴菲特杂货店工作。

在大学里学了3年以后，芒格进了哈佛的法学院，他的同学们都觉得他是个才华横溢，同时又顽固地坚持着自己错误的人。当他毫无准备地被一个教授召见时，芒格顶了回去："我还没念过案例呢，但是如果你陈述给我事实，我就给你说出法律。"

从哈佛毕业以后，芒格在洛杉矶投入实际工作，但在1959年时他回到奥马哈来关掉了父亲的企业。埃德温·戴维斯的儿子，巴菲特的投资者之一，对芒格、巴菲特这两个人的表现都很欣赏，于是邀请他们俩一同在一个颇有特色的奥马哈俱乐部共进午餐。这两个人一见如故。

"沃伦，你都在忙什么呢?"芒格问道。

"噢，我们有个合伙公司。"

"也许我能在洛杉矶处理它。"

巴菲特凝视着他，然后说："是的，我认为你能。"

第二天晚上他们又在两人一个共同的朋友迪克·霍兰家碰头，大谈特谈。

芒格整个晚上都抱着同一种饮料不放。他极度热衷于闲谈。当他要喝饮料时，他会举起另一只手作一个停止的手势，这样别人就不会打断他。

芒格的长相并不吸引人，他长着一张小妖精似的脸，皮肤苍白，戴着一副镜片厚厚的眼镜。尽管他有点势利，但他有高度的判断力，对伦理学很有见地。他的精明与一种丘吉尔式的自信和无忧无虑的心境配合得极好。

有一次，有人问芒格会不会弹奏钢琴，他回答说："我怎么知道，我从来没试过。"巴菲特觉得他拥有一种和自己相似的智慧和彻底的独立性。

巴菲特夏天到加州去时，两个人的友谊逐渐加深了。巴菲特在家时，就会躺在地板上握着电话和芒格不停地交谈。据苏珊说，在巴菲特的吃饭时间常常听到的一句话是"噢，我还在和查理谈话呢"。她回忆道："他们一谈就是好几个小时，他们互相都明白对方要说什么。因此似乎他们无须说什么，总是'我明白你的意思'。"

巴菲特认为他和芒格的想法如此相似真是奇迹，但是与巴菲特的许多朋友不同，芒格对他从来没敬畏感，而且这一点正是芒格吸引人之处。

巴菲特对芒格如此感兴趣，于是他力劝芒格选择他这一行业，他总对芒格说从事法律简直是浪费芒格的天赋。

芒格开了一家法律公司，但他很少去那儿工作。

到了1962年，当巴菲特搬进凯威特广场时，芒格正在经营着自己投资的合伙企业。那年春天，巴菲特带着一个问题找到了芒格：对登普斯特尔该怎么办？

芒格认为这种陷入困境的公司，应该以格雷厄姆式折价出售，要治理好并不容易。但芒格给巴菲特引荐了一位名叫哈里·博特的年轻人。巴菲特与博特会面的六天以后博特就在比阿特丽斯任职工作了。他采取了一系列措施，如压缩成本、关闭工厂、大幅削减存货等。

博特非常出色地做着巴菲特所不能做的辛苦的工作。他从登普斯特尔那些业绩不佳的工厂里榨出现金来让巴菲特投入到股票和债券中去。用哈里·博特提供的资源，巴菲特塑造了一个完全不同的企业——它有着多元化而且稳步升值的证券组合。这就是巴菲特的炼金术。巴菲特对合伙人说：在某种程度上，我们把一度衰落的制造行业的资产，转化到了我们认为成功的行业——证券工业中。

起死回生的伯克希尔公司

早在 1929 年，共同所有权下的几家纺织公司和伯克希尔棉花生产公司联合起来，正式更名为伯克希尔纺织有限公司。

伯克希尔有限公司的前史

伯克希尔公司的根源可追溯到 1790 年，塞缪尔·斯莱特在罗得岛州创建了美国第一家纺织厂。伯克希尔有限公司的最前身是由为斯莱特工作的一位木工奥利弗·蔡斯创建的，这位木工是现在伯克希尔·哈撒韦公司董事会的董事马尔科姆·蔡斯三世的祖先。公司于

1806 年在罗得岛州的普罗维登斯开业，业务渐渐发展，后来成为纺织业的龙头，伯克希尔公司的纺棉量曾一度占到整个国家棉花总量的四分之一。

1948 年，伯克希尔精棉纺织有限公司和哈撒韦制造公司共有 180 万美元的利润，遍布新英格兰州的十几家大型工厂里共雇用员工 1 万人。后来，一场强大的飓风毁掉了其中一个工厂，对公司最大的综合建筑也造成了严重的损害。哈撒韦公司不得不和伯克希尔棉花纺织公司合并。合并后公司的名字改为伯克希尔·哈撒韦公司。

伯克希尔·哈撒韦公司到1964 年只剩下两个工厂和大约 22 万美元的资本净值。

巴菲特买下了伯克希尔公司

在哈撒韦公司的一则广告里有一个戴着眼罩的男人的特写镜头，尽管伯克希尔公司和哈撒韦公司没有任何关系，当谈到第一次意图购买伯克希尔·哈撒韦公司时，巴菲特说："在奥马哈我肯定接到过7 个问我是否要戴眼罩的电话。"

1962 年，巴菲特第一次以每股 7 美元的价格开始购买伯克希尔公司的股票。几年之后，当时任伯克希尔公司总裁的西伯里·斯坦顿向巴菲特许诺说，他将剩余的伯克希尔·哈撒韦公司的股票的投标价格定为每股11.5美元。但是，三个星期以后，股票的投标价格只有11.125美元。这一次巴菲特式的"握手加信任"买卖没有做成。对西伯里·斯坦顿的失信，巴菲特感到气恼，巴菲特开始从斯坦顿的妹夫，当时任哈撒韦公司董事会主席的马尔科姆·蔡斯手里，把伯克希尔公司的股票全部买进。显然，蔡斯也对斯坦顿的行为感到生气。至1965年，巴菲特所拥有的股份已经达到可以获取伯克希尔·哈撒韦公司的控制权。

1965年初，斯坦顿给蔡斯打过一次电话，要求他保持不动。蔡斯问他为什么要这样做，斯坦顿神秘兮兮地说只管相信他的话就是了。

大约一个月以后，斯坦顿又打了个电话过来。"你还记得那个沃伦·巴菲特吗?他想控制伯克希尔·哈撒韦。他已经以斯特里特经纪所的名义持有了股票。"斯坦顿说巴菲特有事要和蔡斯谈谈，希望蔡斯能到纽约的广场饭店和他见面。

这一天巴菲特和蔡斯一同走进广场饭店，巴菲特买了一些冰激凌和奶油棒。

巴菲特单刀直入地问道："我想让你当伯克希尔·哈撒韦的总裁,你意下如何?"

蔡斯当时已经有48岁了，而许诺启动他事业的巴菲特却只有34岁。

蔡斯还没来得及答应下来，巴菲特就补充说他已经掌握了足够的股票，可以在下次董事会上办妥这件事情。他让蔡斯暂时先保持沉默。关于伯克希尔的未来，他说："想想你都需要些什么，它就是你的孩子了。"巴菲特和蔡斯的谈话仅持续了 10 分钟不到，而蔡斯却一直没回过神来。

1965 年，在蔡斯和奥蒂斯·斯坦顿的帮助下，巴菲特购买了伯克希尔公司的控制权，公司总裁西伯里·斯坦顿和他的儿子杰克离开了公司。杰克当时担任公司的财务官，是有确定继承权的人。很多传统企业都经历了从生产型企业向投资型公司的转变，随着伯克希尔·哈撒韦公司的股票卖给股票市场的投机者，伯克希尔也走上了这样的转变。公司的主要产品变成用做投资买卖的资金。在纺织业发展了 80 年后，纺织业的分界线也不那么明显了。

伯克希尔公司在 1964 年 10 月 3 日的资产负债表显示，有 2 789 万美元的资产以及股东 220 万美元的资产净值。伯克希尔公司已发行的股票是 1 137 778 股。

到 1965 年，巴菲特的合伙公司通过不断地购进股票已拥有伯克希尔公司 70% 的股份。巴菲特在伯克希尔公司的总资产达到了 1 400 万美元。当伯克希尔公司拥有大约 1 800 万美元的市场价值时，巴菲特控制了公司。

1969 年，巴菲特结束了他的合伙公司后，他把 2 500 万美元的财产全部投资到伯克希尔·哈撒韦的纺织公司，这是一家他不甚熟悉的且有些靠不住的公司。

1970 年，巴菲特当上了公司董事会的主席。但是，20 世纪 70 年代后期，纺织业已经没有多少优势了。

浴火重生的伯克希尔公司

伯克希尔公司的纺织生意,在 20 世纪 80 年代早期是亏损经营的,这个恶性循环正在不断重复进行。

1984 年后期,纺织部的董事长加里·莫里森给巴菲特寄来一份详尽的计划,请求巴菲特做一些投资在新机械方面。他说没有新设备的投资工厂不可能赢利。当巴菲特没有答复他时,他就明白纺织业的生意接近尾声了。

1985 年 5 月 1 日,莫里森告诉当地的管理人员说,工厂快倒闭了。为了保持员工的工作热情,他没有把这话告诉给工人们。8 月12 日,他告知了工人这一情况,机器停止了运转。就在圣诞节前夕,所有的原材料都用完了,所有的订单都完成了,设备也都卖掉了,工厂停止了生产。

确实,伯克希尔公司的纺织生意由于各方面原因终于宣告彻底失败。总而言之,伯克希尔公司没有能够在它的竞争者中脱颖而出。它所生产的产品,在任何一个地方都能很便宜地买到。但是之后,一只凤凰从灰烬中重生了。

就在那一天,伯克希尔公司股票的股价从每股 11 美元,上升到了每股 2 600 美元。

1991 年,巴菲特在伯克希尔公司的年度会议上解释道,纺织业是专营日用品的一种行业,尽管第二次世界大战中大多数男士的服装用的是伯克希尔·哈撒韦公司生产的衬里,但是,当外国的商家能够以更低的成本生产这种衬里时,公司对我们就没有多大的意义了。

现在，他与低成本的生产者合作了。

后来，伯克希尔公司逐渐持有美国运通、可口可乐、吉列、华盛顿邮报、富国银行以及中美洲能源公司的部分股权。

今日的伯克希尔公司

现在的伯克希尔公司总部在美国，是美国一家世界著名的保险和多元化投资集团，旗下设有许多分公司，其中包括：GEICO 公司，美国第六大汽车保险公司和美国第十大财产/伤亡保险公司，拥有 470 多万投保人和 730 万辆投保汽车；General Re 公司，世界上最大的四家再保险公司之一。

该公司主要通过国民保障公司和 GEICO 以及再保险巨头通用科隆再保险公司等附属机构从事财产/伤亡保险、再保险业务。伯克希尔·哈撒韦公司拥有的股份在珠宝经销连锁店、糖果公司、从事飞行培训业务的飞安国际公司、鞋业公司等。

在伯克希尔公司 1 528 217 股 A 股股票中，巴菲特一个人就拥有 477 166 股（占31.1%），是迄今最大的所有权者。巴菲特的妻子苏珊拥有 34 476 股股票（占 2.3%）。她和巴菲特投票和投资能力相同。

公司其余的股票在大约 300 000 个不经常参与股票买卖的人手中，在纽约股票交易市场，伯克希尔公司的股票比任何一种股票的流通量都少。

伯克希尔公司的股东几乎都来自美国、英国、德国、印度和加拿大。许多股东持有 10 股或不足 10 股的股票。一些人认为持有伯克希尔公司的股票是一种荣耀。

伯克希尔公司的董事会只有少数几个人组成。它的经营机构是如此的简单，是其他公司学习的对象。为了维持巴菲特精心策划出的简单的管理机制，公司董事会中只有7位成员，根本没有常务委员会，也无从得到来自外面的建议。

40年前的伯克希尔·哈撒韦公司是一家濒临破产的纺织厂，在沃伦·巴菲特的精心运作下，公司净资产从1964年的2 288.7万美元，增长到2001年底的1 620亿美元，股价从每股7美元一度上涨到每股近15万美元。

收购内布拉斯加家具商城

始建于1935年的内布拉斯加家具商城，是美国最大的一家独立经营的家居设施店。它所经营的产品包括地毯、沙发、台灯、瓷砖、老爷钟、电子器件、手机等。后来扩大了经营范围，开设了一家以经营电子器件和

家用电器为主的超级市场。它主要服务于以奥马哈市为中心半径约300 英里的区域。

1983 年春天，巴菲特走进内布拉斯加家具商城，见到了该店的主人。他微微吃了一惊，停了下来。巴菲特想，他宁可"和灰熊搏斗"，也不愿和罗丝·布拉姆金——奥马哈人都称她为 B 夫人的人竞争，但这正是他来的原因。

巴菲特小心地问她是否愿意把商店卖给伯克希尔·哈撒韦公司。B 夫人说："愿意。"

"您要价多少？"巴菲特问。"6 000 万。" B 夫人脱口而出。

巴菲特最终以 5 500 万美元收购了内布拉斯加家具商城 80% 的股份，其余 20% 的股份由这家商店的管理部门持有。

刚开始时，巴菲特想收购这家商店 90% 的股份，但是，这家商店的管理部门要求将他们的股份提高到 20% 。此时，内布拉斯加家具商城的营业面积为 20 万平方英尺，每平方英尺的年销售额是 500 美元，整体年销售额大约是 8 800 万美元。

巴菲特说，此次收购所花的法律和会计费用共计 1 400 美元。收购这家商店，巴菲特是经过深思熟虑的。

当时，路易和三个儿子正经营该店。B 夫人则是董事长兼地毯部的全职老板。巴菲特听到她想出售的消息后，先去拜访路易——打听一下价格并看看他到底能不能听懂 B 夫人那口音极重的英语。

巴菲特是先查了家具商城的纳税记录才去购买的，它每年的税前利润为 1 500 万美元。他没做例行检查，没有查账，也没查存货、应收货款和财产目录。一般的美国人在花 6 000 万美元时肯定要看许多报告。巴菲特说："通过对这家企业几个月的观察，任何人从这儿学到的东西都会比去商学院学到的要多。"

巴菲特在收购这家商店的时候，从没看任何一张存货清单。当这位从未上过一天学的 B 夫人问他的会计师、律师以及投资银行在哪儿的时候，他回答："我更加信任您。"巴菲特后来谈道："我宁可相信她的话而不是 8 位重要审计师所说的话，这就如同和英格兰银行做生意一样。"因为 B 夫人一个字都不会写，所以他们只在一页合同上用简单的符号签了名。

家具商城在奥马哈的同行业中的营业额占了 2/3，这个比例也是其他地方的最大商场无法相比的。因此，一些如迪拉德（年营业额 4 亿美元）这样的连锁店也不愿在奥马哈卖家具了。巴菲特可能会说，B 夫人拥有奥马哈家具市场的"收费桥梁"。

B 夫人正是巴菲特理想中的商人，她好像是从他的报告中蹦出来一样，巴菲特创造了她来实现自己理想的价值。B 夫人像巴菲特当杂货商的祖父、零售商本·罗斯纳和巴菲特家庭的其他英雄们一样坚决、果敢、有头脑。

家具商城 120 万平方英尺的面积中，营业面积占 50 万平方英尺，相当于 80 英亩。

家具城的特色经营

后来，内布拉斯加家具商城引进了伯克希尔有限公司那种风格的合作销售方式。这家商店现在已经有了一家喜诗糖果店。在公司年报中，巴菲特对他的股东们写道："你们去那儿参观的时候，在喜诗糖果售货车前停下来，感受一下伯克希尔有限公司开创的这种合作销售方式。"

1990年10月21日，喜诗糖果售货车第一次驶入了科罗拉多州东部地区，一周的时间就销售了重达1 000磅的糖果。巴菲特去了美国广播公司（ABC）位于奥马哈的一个分公司，并向巧克力爱好者宣布了喜诗糖果售货车的存在。

现在，博希姆珠宝店会在它的广告宣传材料中附赠一些喜诗糖果。富国银行的在线银行服务也把喜诗糖果作为礼品创意精品集推向客户。或许有一天，喜诗糖果公司和可口可乐公司将合并成一家以内布拉斯加家具商城为总部的伯克希尔有限公司食品分公司。

1991年10月，内布拉斯加家具商城在它的正后方新开设了一家主要出售现代成品家具的名为"新潮流"的分店。

其后，内布拉斯加家具商城开设了一家号称"全球最伟大的家具店"的超级家具店。这家占地面积达102 000平方英尺的商店，经营 5 万多种商品类别，主要包括电子器件、计算机设备、微波炉、录像机、电视游戏机、涡旋浴缸、烹饪用具，还有咖啡机。通常卖 14 美元的 CD，在那儿只需 10 美元就可以买到。

2001 年 2 月 8 日，家具商城的高管人员宣布，他们将再建一个家具商城——比现在的这一家还要大——位于堪萨斯州的堪萨斯城西边、与堪萨斯高速公路相邻、商业价值达 5 亿美元的购物中心。在 2003 年开业的这家拥有两层商铺的商店斥资 1.25 亿美元，它所经营的商品数量达到 16 万种，它的零售区域面积达到 712 000 平方英尺，比位于奥马哈的那家营业面积为 422 500 平方英尺的店还要大许多。公司在位于奥马哈的商店有着一个面积为 700 000 平方英尺的销售中心。这个家具商城的副总裁、B 夫人的外孙罗伯特·拜特说："我们将成为家具之王。"一位年长的股东则说："下一站：整个世界。"

投资具有特许权价值的捷运公司

巴菲特投资伯克希尔的后一年，也就是 1963 年，开始研究美国捷运公司这个从没买过的类型的股票。该公司根本没有工厂，也没有硬件资产。实际上，它最有价值的商品就是它的名字。

股价大跌的"美国捷运"

　　美国捷运公司绝对是一个顺应时代潮流的公司。美国已经进入了太空时代，而且它的人民都处在一种超越现实的思维格局之中，美国捷运代表着现代生活的成就。

由于乘飞机旅行已经在人们的经济承受范围之内，所以中产阶级开始乘飞机到处旅行，旅行支票已经成了"通行证"。该公司像货币一样被人接受，成千上万美元的票据在流通着。到了1963年，有1 000万公众持有美国捷运卡，这种卡只不过是5年前才引入的工具，而最初公众还都觉得有必要带着现金去旅游。《时代周刊》宣告"无现金的社会"已经到来。一场革命即将开始，而美国捷运公司正是这场革命的导航灯。

　　然而有一天，在公司的一个很小的领地，灾难降临了：美国捷运公司新泽西巴约纳的一家仓库在一场毫无吸引力的平凡交易过程中，接收了一批罐装货物，据称是菜油。这批货物是由庞大的联合原油精炼公司提供的，仓库给联合公司开出了收据作为这批所谓的色拉油的凭证，联合公司抵押了收据取得贷款。后来，联合公司宣告破产，债权人抓住公司的抵押品不放。

　　1963年11月，美国捷运公司发现了问题：油罐中只装有少量的菜油，里面还装有海水，并且是品质非常高的海水，然而，海水品质再高也不如色拉油值钱。简单地说，就是仓库遭受了巨大的欺骗，其损失估计达 1.5 亿美元。

由谁来承担这项巨大的损失呢？联合公司在负有责任的各方中是首当其冲的，但是它已经破产了。美国捷运公司的附属机构也已登记破产。美国捷运公司自己是否有责任还不能确定，但是总裁霍华德·克拉克深深地领悟到对于一个大名登记在旅行支票上的公司而言，公众的信任高于一切，于是，克拉克承担了这一份债务，他发表了一份足以让人发抖的申明："美国捷运公司感到从道义上讲它应当全力处理此事，来确保这个过分的义务让人满意地得到履行，这是与它所承担的整体责任相一致的。"

换句话说，母公司从此将面对各种没有法律依据的索赔，潜在的损失是巨大的。实际上，克拉克说，它已经"资不抵债"了。

11 月 22 日，公司的股票从消息传出以前的 60 美元/股跌到了 56.5 美元/股，当股市在肯尼迪遇刺之后重新开市时，美国捷运跌落到 49.5 美元/股。

事情的真相渐渐浮出水面，原来联合公司被一个叫安东尼·德·安杰利斯，被人称做"色拉油大王"的人所经营。他以前曾经控制着新泽西的一家肉类罐头厂。该厂和政府搞僵了，于是只好关门大吉。当他重新以联合公司——一个出口色拉油的供应商的面目出现的时候，他从前破产的劣迹使他无法得到贷款，于是他就耍诡计把所谓的"色拉油"安排放在美国捷运的仓库里，他拿到写有如此神圣名字的收据，便向银行贷款。他借来了钱，把房子押在菜油期货上下了赌注，然后惨败下阵。

在丑闻曝光以后，肥硕的安东尼·德·安杰利斯在警察的押送下，来到纽瓦克接受联邦法庭的审判。

刨根问底的亲自调查

在这些事件还没有发展到这么严重的地步时，巴菲特专门到奥马哈罗斯的牛排屋拜访了一次。这天晚上，巴菲特所感兴趣的并不是顾客们吃的牛排，也不是他们的衣服或者帽子。他自己跑到收款机后面，一边和店主闲聊，一边观察着。巴菲特所观察到的是这样的事实：不论是不是谣言四传，罗斯店的顾客们还是继续使用美国捷运卡来付餐费。从这一点他推断出，同样的情形也会发生在圣路易斯或是芝加哥乃至伯明翰的牛排屋中。

然后他到奥马哈的银行和旅行社去，他发现那儿的人们仍旧用旅行者支票来做日常的生意。同样地，他拜访了出售美国捷运汇票的超级市场和药店，最后他和美国捷运的竞争者进行了交谈。他的一番调查得出了两个结论，它们与公众的观点大相径庭：一、美国捷运并没有走下坡路。二、美国捷运的商标是世界上畅行标志之一。

美国捷运并没有在格雷厄姆所说的那种安全裕度的感觉里，因而它也不可能得到格雷厄姆的投资。但是巴菲特看到了一种逃避开格雷厄姆视线的资产：这就是美国捷运这个名字的特许权价值。特许权意味着独占市场的权力。卡迪纳尔拥有在圣路易斯的垒球特许权，因此没有其他的队伍可以申请加入。美国捷运几乎也是这样。在全国范围内，它拥有旅行者支票市场 80% 的份额，还在付费卡上拥有主要的股份。巴菲特认为，没有任何东西动摇过它的地位，它的顾客群所具有的忠实性是无法从格雷厄姆那种"简单的统计数据"中推断出来的。然而这种特许权确实含有价值——在巴菲特看来，这是一种巨大价值，美国捷运在过去的 10 年中赚到了丰厚的利润，不管色拉油是不是真的，它的顾客并没有走开。而股票市场对这个公司的标价却是基于"它的顾客抛弃了它"这样一个观点。

股价跌至谷底的大量购买

到 1964 年初，捷运股价跌至每股 35 美元，华尔街的证券商一齐高喊着"卖"，而巴菲特决定去买。他将自己的 1/4 资产投入到这种股票上，这种股票可能背负着一种未知的而且潜在的很大比例的债务。如果判断错了，他将失去自己辛苦积累的财富和声誉。

克拉克——美国捷运的总裁，向那家倒霉仓库的债权人提供了 6 000 万美元以求息讼，但他遭到了股东们的起诉，他们声称克拉克把他们的资产"浪费"在一种似是而非的道德义务上。

巴菲特不同意股东们的这种观点，他前去拜访克拉克，把自己介绍给他，自称是一位好的股东。"巴菲特买了我们的股票，"克拉克回忆道，"而任何在那种时候买进的人都是我们真正的同伴。"

巴菲特支持了克拉克，并提供了证词给美国捷运的一名律师。巴菲特来到了法院，告诉股东们他们不该起诉，说他们应该感谢克拉克，因为他正努力不让这件事缠上他们，后来他解释说："就我所关心的而言，那 6 000 万美元是他们该寄给股东们的红利，但在邮寄途中丢失了。我的意思是，如果他们宣布要发 6 000 万美元的红利，每个人都不会觉得世界像地狱一样了。"

尽管诉讼还在缓慢地进行着，但股价已经开始回升，然而巴菲特没有沿袭格雷厄姆的模式，马上抛售股票以实现利润，而是逐渐增加了投资，因为他喜欢克拉克，而且喜欢这个公司的产品。

巴菲特没有告诉他的合伙人他持有美国捷运股票的信息。但巴菲特的这一投资很快就获得了回报。1967年美国捷运公司股票就狂涨到了180美元/股。此后几十年，巴菲特一直长期持有着美国捷运公司10%的股份，成为了美国捷运公司长期的"忠实"受益人。

巴菲特像格雷厄姆一样尽力避免任何损失，结果他一直没让自己失望，合伙人的投资收益在1963年一举跃到了惊人的39%，在1964年达到了28%。到那时为止，巴菲特已经掌握2 200万美元的资金了。他的个人净财富也有近400万美元之多——在那个年代，这可是一笔相当大的财富。

牛气冲天的年代巴菲特坐立不安

在许多时候，巴菲特的行为让一般投资者难以理解。在1966年的年初，巴菲特作出了一个惊人的举动，他宣布关闭合伙人的企业，并将它变成新的账户。

在巴菲特关闭他的公司的同时，华尔街的股市却是牛气冲天，越南战争推动股市达到了前所未有的高潮。当年青人都在街道上列队行进时，这些人的父母，则看到了战争带来的扩张的影响，许多人在证券交易所排起了长队。共同基金如雨后春笋般建立起来，而道·琼斯工业平均指数首次突破了1 000点大关，它曾在另外三次达到了心理大关，但每次都在这个充满魔力的数字下收盘了。

然而，到了1966年春天，市场却突然跌入了令人目眩的深渊中，新投入的资金都陷入恐慌之中，于是投资者们逐渐把注意力放在短期投资上。

巴菲特的一些合伙人打电话给他，提醒他市场走势还会更高，问他是否有所举动。对于这些电话，巴菲特都一一驳回了。

巴菲特尽量避免对股市进行预测，同时也绝不按一般人的观点来买入或卖出股票。他更愿意尝试着去分析单个公司的长期商业前景。在他看来，一个人可以"预言"股市的趋势，就好像一个人能够预测当一只鸟飞离树梢时它将向哪儿飞走一样，但那是一种猜测而非一种分析。如果他以前"仅仅因为某个星象学家认为标价也许太低了"就卖出股票的话，他们都会陷入困境的。

事实上不久，道·琼斯指数的确开始走低了，并且只达到700点左右。但是更广阔的市场却掀起了泡沫。有两次，正当巴菲特要着手买入他认为的热点股票时，竞争者们一把将股票抢走了。有一种股票的价格超出了他的限定范围，而另一种股票则被他人接了。但这些并没使他变得疯狂。

到了1967年初的时候，巴菲特觉得他需要做一件事情，那就是有必要提醒自己的合伙人，最近有些新的共同基金已经超过了他的业绩。另外，他还警告说，尽管他不分昼夜地拼命维持着，他灵感的源泉已经变得只有"点点滴滴"了。他的语气充满了不祥的预兆，如果他灵感的涌泉"完全干涸了，你们会收到我诚实而迅速的通知，这样我们可以采取别的措施"。

让人留心的是，巴菲特所作出的这些可怕的预言是与华尔街厅里出现的令人眩晕的狂乱成正比的。对于很多资金持有人来说，这是争先恐后的年月。

电子类股票刮起一阵狂风，每一股新发行的股票都被当做第二个西尔若克斯公司。难道是华尔街突然崛起了一位电子界的专家吗？如果有谁问出这样的问题，那就是他错看了这个时代。

在对高技术蜂拥而上之后，紧接着，在巨大的企业集团推动下，比如国际电话电报公司、李腾工业集团、莱特维公司等，掀起了一场兼并的浪潮。公众们在那个充满自信的年代里对官僚毫不信任，而将希望交给了这些庞大的组织。

与此对应，市场上突然闯入了"信件股票"，这是一种未经登记的股份，常常是由有很多不确定性的公司发行的，并且它们作价也很奇特。

与此同时，华尔街正洋溢着空前的喜悦。它不仅利润可观而且成交量居高不下。试想一下当50年代巴菲特刚起家时，纽约股票交易所的成交量是每天200万股，到1967年，它达到了1 000万股。那年夏天在交易所里，底层的职员们纷纷四处疾奔抢夺战利品。

与别人不同，巴菲特依然保持着那理性的、几乎是机械性的客观。他不同寻常的判断力使他明白只要他的既定目标保持不变，他就会感到压力而不断刻苦奋斗。因此他降低了自己的目标。

事实上，1967年合伙人企业向前推进了30％，比道·琼斯指数多出了17个百分点，其中大部分来自美国捷运公司，它的股价已狂涨到180美元/股，而在它顶峰时它占到总组合40％的份额。在这项1 300万美元的投资中，巴菲特赚取了2 000万美元的利润。他还从沃尔特·迪斯尼上赚了50％的利润。

结果是如此离奇，但他的合伙人都忽略了这一事实：这段时间对巴菲特来说确实是一段相当困难的时期。这是因为，他想放弃"巨额的，轻而易举的利润"，但做起来并不是那么容易。实际上，对于这件事情，他只把一个前提作为他事业的支点——那就是他的直觉是正确的，而"市场先生"是错误的。

股市"一路凯歌"时的隐退

1968年，美国陷于一场政治的动荡中，而股票的交易却达到了疯狂的地步。"大屏幕"的一日平均成交量达到了1 300万股，比1967年的纪录还要多30％。而1968年6月13日那天，成交量暴增到2 100万股。1968年底时，股市逐渐显得底气不足了。在1968年

12 月，道·琼斯指数爬升到990 点，
而华尔街又把希冀的眼光放到了一系
列不切实际的目标上：促使越战结
束，使道·琼斯指数升到1 000 点。

　　巴菲特的合伙人企业在 1968 年
锁住了 4 000 万美元的赢利，也就是
说赢利率为 59%，巴菲特的资产增加
到一亿零四百万美元。巴菲特经历了
业绩最红火的一年。他击败道·琼斯指数不仅仅是5%的差距——自
己订的最低目标，而是 50 个百分点。

　　这时，股市正断断续续发出死亡前的呻吟，华尔街无论价格高
低拼命推荐热门股票。美林银行买进了市赢利率为 39 倍的国际商用
机器公司（IBM）股票，宝丽来还推动施乐（Xerox）达到 50 倍赢
利率，布莱尔公司将雅芳公司的股票利率抬高了几十倍。

　　有关巴菲特开始清算合伙人企业的消息震惊了他的合伙人：当
市场正在牛市的高潮中时，他却准备退出了。

　　巴菲特所做的隐退的决定是正确的。

　　直到 5 月份，道·琼斯指数在1 000 点附近盘旋不下。在 6 月
份，它下降到 900 点以下，一个个的高空飞行者都坠落了。公司集
团时代的标志李腾工业集团从它的极盛点下跌了 70%；另一个是莱
特维，从 169 美元跌到了 25 美元。华尔街的证券经纪所纷纷关门倒
闭。股票交易厅的标语"在美国商界拥有你的份额"悄无声息地飘

落了。

刚被《商业周刊》奉为神明的弗雷德·卡尔，就在 12 月份洗手不干了，只留下企业基金堆满了未清算的信件股票。它在 1969 年下跌了 26%，而在这场浩劫结束前，它又跌了超过 50%。道·琼斯工业指数在1969 年以平均 800 点收盘。

到 1970 年 5 月，股票交易所的每一种股票都比 1969 年初下降 50%，四季护理中心从 91 美元/股跌到 32 美元/股。电子数据系统在春季的一个交易日降了 50 点，致使罗斯·佩罗的财产减少了4亿 4500 万美元。福特基金会也变得支离破碎，迫使麦乔治·邦迪不得不吞下这枚苦果。

巴菲特在 1969 年竭力维持了 7% 的收盈水平，这是合伙人企业最后一年的运作。巴菲特长期以来预计的下滑月月并没到来，他在每一个季度都有赢利，并击败了市场的尺度——道·琼斯工业指数。

投资公司都想买下他的合伙人企业，但巴菲特将他们一一拒绝了。但是，还有一个问题没有解决：他从前的投资者们将把他们的金钱投到哪里去呢？

巴菲特说他将在城市债券里投入大量自己的资金，并且答应帮助他的合伙人去做同样的事情。

桥牌冠军萨姆·斯泰曼认为巴菲特已经黔驴技穷了。他把自己的伯克希尔股票以 43 美元/股出售给了巴菲特。但是更多投资者选择继续持有。他们无法知道伯克希尔·哈撒韦公司将变成什么样子，也不知道巴菲特在重新塑造它的过程中投入有多深。但是巴菲特清楚

地表明，他将保留他的伯克希尔股票，正如忠实的德·安杰利斯的
看法："任何人只要有一点头脑，都会听他的。"

低调购买报刊业股票

1972 年，巴菲特把投资方
向转到了报刊业，因为他发现
拥有一家名牌报刊，就好似拥
有一座收费桥梁，任何过客都
必须留下"买路钱"。

1973 年他开始偷偷地在股
市上买入《华盛顿邮报》，2 月
份的时候，巴菲特拥有的伯克
希尔公司在 27 美元/股的价位
买了《华盛顿邮报》18 600 股

股票，到 5 月时，股票跌到了 23 美元/股。在索罗门低息资金的支
持下，他又买了 4 万股，价格还是大跌，但巴菲特还在买进。9 月份
时，他以 20.34 美元/股的价格买进181 000股。到 10 月份时，伯克
希尔已经成为《华盛顿邮报》最大的外部投资者。这份报纸是巴菲
特童年曾经发送过的，它也正是他心目中渴求的媒介资产。

由凯瑟琳·格雷厄姆经营的《华盛顿邮报》还拥有 4 家电视台、《新闻周刊》杂志以及印刷工厂。这些资产是私人买卖交易，因而难以估价。巴菲特认为它们值 4 亿美元，而股票市场却只将整个公司估价为 1 亿美元。

巴菲特独自将《华盛顿邮报》分析了一番，这种时候，股票价值和标的资产的价值已经没有什么关系了，这是一次难得的机会。巴菲特回忆说："因为当天又下跌了 20 点，所以他们该以更便宜的价格把电视台卖给你。当你做生意时，你便置身于现实社会中，但每个人都在考虑股票的相对价格。当我们在一个月内买下 8% 或 9% 的《华盛顿邮报》之后，卖给我们股票的人之中大都会觉得自己把价值 4 亿的资产以 8 000 万美元卖给了我们。他们之所以愿意卖给我们是因为电信业股票已在下跌，或是因为其他人都在抛出，或别的什么因素，这些理由都是毫无意义的。"

当巴菲特投资《华盛顿邮报》时，华尔街的媒介分析家一致认为，根据"基本原则"来判断，正在出售的报纸股票已经超过最近距离，可是他们不敢扣动扳机。事实上，股票正在最低点左右徘徊，现在正是他们的时机，而他们却让这时机悄悄地溜走了。

8 月份的时候，《波士顿环球报》的拥有者联合出版公司上市了。大家普遍认为，它的财产太少，因而风险会很高，却没有注意到《波士顿环球报》占领了 2/3 的市场份额。第一波士顿银行作为该报承销商把价格定得很高，在听说巴菲特对报纸很感兴趣之后，这家投资银行向巴菲特发出了一份试探性的建议，而巴菲特的态度十分含糊。

但巴菲特私下里却像车轮一样做着旋转运动。联合出版公司由
两个古老的波士顿家族控制，自1872年以来开始出版《波士顿环球
报》，它的收入、发行量以及利润都频频上涨，而且这种趋势还在加
快。据巴菲特所知，它的对手《旅行者先驱》在去年倒闭了。波士
顿正变成一个只有一家报业的城市，或者说，正如巴菲特所预测的，
一个垄断的收费桥梁正横跨在查尔斯河上。

对于巴菲特来说，联合出版公司的单一性，不再是一个弊病，
而变成了一种优势。伯克希尔公司在市场上成为该公司股票的最大
购买者。

由于巴菲特及时发售了债券，伯克希尔公司有了充足的资金。
它到处买进股票，尤其是传媒介的股票。

这个时候，巴菲特向奥马哈的迪克·霍兰提出:拥有一家广告机
构有什么样的好处？霍兰没有多想什么，便口若悬河地谈起自己当
老板的感觉有多么好，很快地就发现了巴菲特的真正意图。伯克希
尔想要买下国际出版集团和奥利维·马萨尔国际集团两个大机构的
主要部分。巴菲特把广告业看成传媒业的一张免费票券，为什么说是
免费的呢？广告机构不需要资本——一张桌子加上几支铅笔足矣，
对巴菲特来说，没有资产是锦上添花的事，因为利润就可以直接流
进所有者腰包中了。

巴菲特所持证券之一的联合出版公司，在1973年赢利率增长了
40％，但是它的股票却如巨石落地般一跌再跌。曾以10美元/股上

市的股票，在一个月里连连滑落，先是 9 美元，然后是 8 美元、7.12 美元。当一种股票跌幅达到 25％时，这对投资者而言就成了一场严峻的测试。人们开始怀疑是否有任何失误之处，但是巴菲特坚信自己比别人内行。1974 年 1 月 8 日那天，他又买进了联合出版公司股票，11、16 日再次买进。在 2 月 13、15、19、20、21、22 日连续多次重返市场。

这样购买股票对巴菲特以及他从事的事业有着怎样重要的意义，这在巴菲特以后的发展中我们可以看出。

拯救索罗门公司

虽然巴菲特对华尔街那些目光短浅和疯狂的投资者们总是不屑一顾，但他却在 1987 年 9 月 28 日用 7 亿美元购买了索罗门公司发行的优先股。

在巴菲特与索罗门公司进行交易之前，就发生了股票市场崩溃

的情况——当时的股票市场下跌了508个点，降幅几乎达到了23%——这是20世纪以来单日下降幅度最大的一天。这次股市崩溃几乎波及所有的股票。股票经纪业务遭到了严重的打击。股市崩溃造成股票经纪业务的混乱，从而使索罗门公司的股票价格直线下降。

当巴菲特购买索罗门公司优先股时，它的普通股价格为每股32美元。在出现股市崩溃之后，普通股价格最终下降到了每股16美元。但是，伯克希尔公司却没有因此而损失1美分。伯克希尔公司通过对优先股的投资，可以避免市场波动带来的损失以及破产风险。巴菲特把这种优先股称为"带有彩票的国库券"。

索罗门公司向伯克希尔公司支付的9%股利，绝大多数可以免交公司所得税。这正是吸引巴菲特投资索罗门公司优先股的原因所在，而许多人并没有意识到这一潜在收益的来源。

格特弗伦德花费了很大的力气才说服索罗门公司的董事会，达成了这项交易。正是这次投资，以及随后的对吉列公司、美国航空公司和冠军国际公司优先股的收购，巴菲特成为人们心目中的"白衣骑士"，拯救了那些即将被收购的公司。

1991年2月，索罗门公司搬出了第一纽约广场，公司新的办公地点在世界贸易中心第7层。索罗门公司拥有全球性的商业优势和最出色的员工，但是却没有让自己的股东得到他们应该得到的回报。虽然索罗门公司的股票账面价值与10年前相比已经翻了几番，从每股大约11美元增加到50美元，但股票的市值却没有发生什么变化。

巴菲特参与了索罗门公司的多项业务。伯克希尔公司的零息债券由索罗门公司负责承销，而且伯克希尔公司与索罗门公司之间也存在着大量的证券交易往来。

1991 年 8 月 9 日，索罗门公司被认为公司在国库券拍卖投标的过程中，存在着"不合常规的违规行为"，而国库券业务是金融市场中最重要的一个部分。

索罗门公司曾经在未得到授权的情况下，以其他公司的名义进行国库券投标，通过这种方法，可以逃避购买份额 35% 的限制。这一事件被人们关注，因此索罗门公司受到调查。

政府对此进行调查的起因，是索罗门公司的一部分竞争对手，对索罗门公司提出指责，索罗门公司在 3 月份的 2 年期债券拍卖过程中，采取不正当手段收购了高达 122.6 亿美元的国库券，迫使竞争对手接受较高的价格。

几天之内，索罗门公司的股票价格从每股 36 美元跌落到 25 美元，并且最终创造了公司股票价格的新低——每股 20 美元。由于信用评级机构威胁要降低公司的信用等级，导致索罗门公司的债券价格也出现了下跌，许多大的投资者纷纷终止了与索罗门公司的业务。

财政部对索罗门公司在国库券市场上的主交易商地位一直持支持态度，并采取积极措施给予帮助。这一事件被曝光之后的几个小时内，索罗门公司被允许保留主交易商的地位，但却被暂时取消了参与国库券投标的资格。

《纽约时报》在头版头条报道的题目是：财政部严惩索罗门兄弟公司，现任董事长巴菲特请布雷迪结束对公司进行的制裁。

在被法律诉讼纠缠不休的同时，财政部对公司活动进行的全面调查，也让索罗门公司感到危机四伏。

格特弗伦德提出辞职，并给巴菲特打了一个电话。巴菲特马上飞到了纽约，来面对索罗门公司的混乱局面。

第二天早晨，巴菲特在给格特弗伦德的回话中表示，自己将主动提出担任公司董事会中期董事长。

巴菲特面临的问题是：不仅要安抚众多的投资者和客户，还要应对联邦政府进行的各种刑事和民事调查。此外，他还要随时提防意外事件的出现。但是，聪明的巴菲特在世界贸易中心与索罗门公司的管理董事会面之后，马上就找到了问题的症结所在。

巴菲特在星期日的下午采取了以下措施：（1）接受格特弗伦德、斯特劳斯和梅里韦瑟提出的辞职；（2）解雇主管政府债券的交易执行官保罗·莫泽尔和托马斯·莫菲；（3）任命索罗门亚洲公司东京分公司董事长德里克·摩根为首席运营官；（4）成功地说服了财政部部长尼古拉斯·布雷迪,把原来的处罚改变为取消索罗门参与国库券拍卖一个小时的交易资格。

新闻发布会之后，巴菲特马上通过电话与尼古拉斯·布雷迪联系,自己也立刻投入到工作之中，并到交易大厅去巡视具体交易工作。

巴菲特发誓一定要对这次事件追查到底，只有这样才能改善索罗门公司的声誉和形象。

在索罗门事件发生以后的几天里，巴菲特解雇了索罗门公司的首席律师唐纳德·弗尔斯泰恩,并任命罗伯特·丹海姆接替这一职务。巴菲特认为,丹海姆是自己的第一个也是唯一的选择。在丹海姆为巴菲特工作的 17 年中,参与了伯克希尔公司对斯科特·费策公司的收购,以及索罗门公司的投资。

巴菲特大幅度下调了奖金,并把奖金从现金改变为以股票为主的形式,主动削减债务水平,并对每一项国库券投标业务进行至少两次的交叉核对。此外,他还要求索罗门公司下属的菲布罗能源公司与自己的一个主要客户——马克·里奇公司切断一切联系。他说,索罗门公司永远不会再和马克·里奇公司进行任何商业往来,因为它在索罗门最困难的时候放弃了索罗门。巴菲特在接管索罗门公司事务之后,选择了摩根,并要求公司各部门大力支持摩根的工作。摩根就这样接过了巴菲特的大印。

索罗门公司出资 60 万美元,分别在《华尔街日报》《纽约时报》和《华盛顿邮报》上发表了巴菲特致全体股东的信,以及最新经过修订的资产负债表。

这对索罗门公司来说是一个好消息,公司的股票价格马上上涨了 8%,世界银行在对索罗门公司实施了 3 个月的制裁之后,也宣布重新恢复与索罗门公司的商业往来,这对索罗门公司来说又是一个巨大的鼓舞。

作为处罚,索罗门公司在两个月内不得与联邦储备委员会进行交易。此外,财政部已经宣布取消对索罗门公司实施的制裁,允许索罗门公司代客交易。虽然这是证券行业迄今为止针对违规行为制

定的最为严重的处罚，但是，对于索罗门公司来说，能够逃过刑事
处罚无疑是一个好消息。

与此同时，索罗门公司迎来了新的管理。索罗门公司同意就国
库券拍卖事件中的欺诈行为支付 1.9 亿美元的罚款和补偿金，并另
外出资 1 亿美元作为补偿基金，对在索罗门公司违规事件中的损失
者给予赔偿。

最后，巴菲特真的拯救了索罗门公司。他抛弃了公司落后的管
理机制，为索罗门带来了新的管理理念——强调道德规范、开放和
纪律，而不是冒险和浮华。

1997 年，巴菲特最终对伯克希尔公司所持有的索罗门公司股票
作出了决策，当时，他把公司的索罗门股票转售给旅行者集团，把
索罗门公司的股票转换为旅行者集团的股票。旅行者集团和花旗集
团在 1998 年进行了合并。

《财富》杂志在一篇报道中称，伯克希尔公司拥有花旗集团大约
800 万股的股票。到 2001 年 12 月 31 日，伯克希尔公司已经出售了
自己所持有的全部花旗集团股票。

投资可口可乐公司

1989 年，巴菲特准备购买价值 10 亿美元的可口可乐股票。

在此之前，巴菲特找到了可口可乐公司总裁唐·基奥的电话。基奥问他一切可好，并说："沃伦，你有没有买可口可乐股票?"他满怀激情地作了肯定回答。通话后不久，就有报道宣称说沃伦购买了可口可乐的股票。在完成了对可口可乐公司 10 亿多美元的巨额投资之后，他声称，这是一种"无法抵抗的感觉"。

这个把可乐作为自己饮食结构一部分的可口可乐先生基奥，也成为了巴菲特诚邀加盟巴菲特合伙公司的一个。尽管基奥较晚时才与巴菲特共同投资，但他早以另一种方式参与其中了。1989 年 3 月 15 日，道·琼斯新闻联线报道了一条引人注目的简讯:伯克希尔公司购买了可口可乐公司 6.3％的股份! 由于可口可乐公司自身的股票回购，以及巴菲特在 1994 年中期的追加购买，当初那部分股份已占到整个可口可乐公司 8％的股份。伯克希尔已经拥有可口可乐公司

这家在全球市场产品分布最广的饮料公司的 2 亿股股票。伯克希尔
公司拥有的可口可乐股票总数是整个共同基金业所拥有的可口可乐
股票总数的两倍还要多。可口可乐股票就是伯克希尔公司的圣水，
巴菲特把由糖和咖啡因制成的可口可乐称为"神的饮品"。

巴菲特购买可口可乐股票，对伯克希尔公司和可口可乐公司来
说，意味着一个以永恒价值为投资理念的新纪元的开始，这是一个
充满希望的新纪元。巴菲特作出了他有史以来最大的一笔投资。

巴菲特的投资，使他成为可口可乐公司最大的股东。他走进了
董事会，与前美国参议员山姆·南恩、娱乐业投资大亨赫伯特·阿伦
和棒球俱乐部前部长彼特·尤伯罗斯以及其他一些人共同在董事会
任职。

可口可乐公司前主席道格拉斯·伊维斯特曾经在年报中写道：
"可口可乐公司的创业者们决不会想到它会有今天的成绩，你读到这
份报告的时候，你的可口可乐公司已经取得了一个里程碑式的发展：
公司的可口可乐产品以及其他产品每天的销售已逾 10 亿罐。第一个
价值 10 亿美元的可口可乐饮料，我们花了 22 年的时间才卖出。如
今，我们 1 天就能卖出 10 亿罐饮料。"这个数量相当于全球饮料市
场日消费量的 2%。

伯克希尔公司的股东年会结束时，巴菲特刚买下可口可乐公司
10 亿美元的股份。有人问他会不会长期持有，巴菲特说："我还不
想这么快就将它列入那份名单。"但是时间不太长，他就会把它称为
一个永久持有的投资品种，毫无疑问，对伯克希尔公司来说，它正

向着永久持有的方向发展。

巴菲特说："如果你想出 1 000 亿美元让我买下可口可乐公司在全球的领导权，我会把钱还给你，告诉你说这不行。"可口可乐公司 1995 年的年度报告中有这样一句话："如果你的公司彻底倒闭，我们只需依据我们产品商标的力量毫不犹豫地借钱重建它。"

1991 年可口可乐股票市值就升到 37.43 亿美元，两年涨了 2.66 倍。此后，在 1994 年巴菲特继续增持，总投资达到 13 亿美元，此后持股一直稳定。1997 年底，巴菲特持有的可口可乐股票市值上涨到 133 亿美元，仅仅这一只股票就为巴菲特赚取了 100 亿美元。

而在伯克希尔公司 2009 年的年报中，仍然有可口可乐的名字。截至 2009 年底，巴菲特持有 2 亿股可口可乐公司的股票，股票市值高达 114 亿美元。

早在 1938 年美国《财富》杂志就如此评价过可口可乐："很难列举出能与可口可乐公司规模相匹敌的公司，以及像可口可乐那样 10 多年来只销售一种一成不变的产品。"在当时，可口可乐就已经成为一家在行业中占主要地位的饮料公司，1938 年卖出了 2.07 亿箱软饮料，而在 1993 年卖出了 1 070 亿箱，到了 2009 年底，可口可乐已实现营业收入 309.9 亿美元，净利润 68.24 亿美元，绝对是世界级的饮料企业。

巴菲特之所以看好可口可乐，首先就在于它是巴菲特眼中的"超级明星"企业。自可口可乐创建 100 多年来，一直稳执美国乃至世界软饮料行业之牛耳，霸主地位无可撼动，它具有明确的长期赢利模式、稳健的财务结构，最具商业价值的品牌，以及遍布全球的忠实客户。

巴菲特曾这样评价可口可乐："在全世界范围内，可乐的销量大约占所有软饮料的44%，除了吉列剃须刀（占据刀片市场60%的份额）外，我真不知道各行各业中还有哪些优秀的公司能够使它的主业长期享有这样的全球市场份额。"

"与一般的公司每天都在没有任何保障的情况下浴血奋战，苦熬争先的情形不同，可口可乐的品牌威力、产品特性以及其销售体系的实力，赋予了他们一种巨大的竞争优势，而这种优势在他们的经济堡垒周围形成了一条护城河。"不难看出，巴菲特对可口可乐充满了绝对的信心。

可口可乐股价的表现，也的确再次证明"股神"巴菲特的正确。可口可乐的股票在1919年以每股40美元的价格上市，期间虽几经震荡，最低价曾达到19.95美元/股，但长期看来，可口可乐的股价一直在稳步上涨。

这样的一个企业究竟能给投资者带来多大的回报呢？

1919年在可口可乐上投资40美元，到1938年底股票市值就变成3 277美元；如果在1938年投资40美元在可口可乐上，到了1993年，其股票市值更是高达2.5万美元。如果按照前复权价格计算，在1962～2009年的这47年间，可口可乐股价从2.10美元一直涨到57美元，涨幅超过26倍，而同期标普500指数的涨幅只有15.81倍。

由于可口可乐表现出良好的增长势头，巴菲特不断增持该股。

长期持有吉列公司股票

吉列公司是世界上著名的国际性消费品公司，经营的项目主要是制造、销售剃刀和刀片，卫生用品类和化妆品。该公司分别在 28 个国家拥有规模较大的制造营运据点，其商品营运量占公司销售额和盈余的 60% 以上。

1993 年 10 月 14 日，巴菲特在奥马哈对 WOWT－TV 说，他在很多公司都购买了 100 美元的股票，目的只是想及时得到这些公司的年报，"而不是被证券交易所的假象所迷惑"。

有一天晚上，巴菲特阅读公司年报的时候，看到了吉列公司的年报，他猜想吉列公司很可能需要更多的资金。"我认为，他们也许会对大手笔的投资感兴趣，因为他们已经在股票赎回业务中耗尽了自己的资金。"

于是巴菲特给吉列公司的董事琼·西斯科打了一个电话，向他了解与公司管理层讨论投资事宜的可能性。

西斯科马上与当时的吉列公司董事长科曼·莫克勒取得了联系，几天之后，科曼·莫克勒来到了奥马哈。巴菲特亲自到机场迎接莫克勒，双方马上开始了正式谈判。

尽管吉列公司的董事会非常愿意接受巴菲特的投资，但是具体的投资条款还需要通过进一步的谈判加以确定。最终的谈判是在伯克希尔公司的副董事长——查尔斯·芒格和吉列公司董事会的律师们之间进行的，最后由巴菲特和莫克勒签署了正式协议。

1989 年 7 月，巴菲特以 6 亿美元投资于吉列公司的优先股。后来，这些优先股被转换为普通股，从而使伯克希尔公司持有吉列公司 11% 的股份。巴菲特说："吉列就是成功和国际化消费品市场的同义词，它正是我们进行长期投资的最佳选择。"

《新闻日报》的专栏作家阿兰·斯隆一直关注着巴菲特的投资，早在巴菲特购买底特律银行股票的时候，他就开始追随巴菲特。他认为，对于巴菲特对吉列公司进行的投资来说，其真正价值至少比他实际投入的资金多出 4 000 万美元，尽管吉列公司对此作出了否认。

伯克希尔公司对吉列进行的投资可以说是完美的，而这项投资则是巴菲特在反复研究吉列公司年报的基础上做出的决定。

1996 年，吉列公司收购了电池制造商金霸王国际公司。这次收购的价格为 78 亿美元，采用股票和债权作为支付手段。这是吉列公司有史以来最大的收购交易。合并后的公司可以充分利用吉列公司的强大销售渠道扩大金霸王产品的市场覆盖面。吉列公司在世界各地拥有超乎寻常的经销和仓储能力。

最后，巴菲特在吉列公司董事会上，就这次合并进行表决的时候投了弃权票，他不同意向投资银行支付高额费用。但是巴菲特最终支持了这次收购。在这些投资银行费用中，1 000 万美元支付给摩根·斯坦利公司，其余 2 000 万美元支付给科尔伯格·克拉维斯·罗伯茨公司，他们拥有金霸王国际公司 34% 的股份。

2005 年 1 月 28 日，宝洁宣布了收购吉列的交易，计划按 0.975 股宝洁股票换 1 股吉列股票的换股方式进行交易，巴菲特长期持有吉列股票回报立时大增：吉列当天收盘股价猛涨 12.9%，再创 52 周高点，达到 51.60 美元。这使巴菲特持有的吉列股票总市值冲破了 51 亿美元，而 1989 年巴菲特买进吉列股票的成本是 6 亿美元。

巴菲特对吉列股票的坚定信念基于他一以贯之的投资理念：长期持有，集中投资。巴菲特奉行长期投资战略，当公司股价被市场严重低估时他大量买进，然后一直长期持有。这就是巴菲特著名的内在价值高于市面价值的投资理论。

投资美国航空公司

在对美国航空公司的投资失败之后，巴菲特曾对哥伦比亚大学商学院的学生说："千万不要投资航空类公司。"并说，"这是世界上投资回报最差的行业之一。"

当巴菲特投资的时候，美国航空公司股票每股 50 美元，假如价格超过每股 60 美元，面值为 1 000 美元的优先股从购买之日起两年后，可直接转换为普通股。这样，巴菲特大概拥有美国航空公司 12% 的股份，美国航空公司每年需支付伯克希尔公司 9.25% 的股息。

巴菲特认为："对伯克希尔·哈撒韦公司来说，投资在航空这样一个资金密集和劳动密集的行业是不多见的，我们对美国航空公司优先股的投资热情体现在我们对爱德·科洛尼公司管理的高度关注。"他承认自己非常喜欢这家公司。巴菲特说，它的优先股投资是一种安全的赌注。如果他赌输了，他将赚取 9% 的股息；如果他赌赢了，在航空公司这样一个逐步巩固的行业，他将拥有很大的份额。

1989 年 8 月 7 日，伯克希尔收购了美国航空公司价值 3.58 亿美元的优先股。

而与皮德门特公司合并后，美国航空公司每况愈下，并长期处于亏损状态。公司经营状态很差：公司定期航线没有什么准时的纪录，客户丢失，飞机晚点。在美国航空公司经营过程中，航空灾难也是导致经营不理想的重要因素。

亏损一直在持续。

"无用的空中公司"和"美国的恐惧"成为美国航空公司的

绰号。

但是，渐渐地，在 1990 年，公司在飞机正点运营方面有了很大的改进，做出了一些成绩：在主要航线上，从 1990 年 1 月的第六名上升到 1990 年 6 月的第一名，并且在 1991 年全年保持第二名。

在 1991 年 8 月 7 日之后，这家航空公司要求赎回优先股，回购价格比原始价格高出 100 美元。在 1991 年的股东年会上，巴菲特说："我的失误在于我没有想到价格竞争会导致那样坏的结果，当然，成本以及中东事件的结果是深不可测的。" 1991 年末，巴菲特写下了他的预测：3.58 亿美元的投资，可能只剩下 2.327 亿美元。

1992 年，英国航空公司同意斥资 7.5 亿美元收购美国航空公司 44% 的股份。尽管这个想法未能实现，英国航空公司最后还是向美国航空公司投资了 3 亿美元。

1993 年 1 月，巴菲特和芒格探讨他们领域里的薄弱环节，以及这些环节所面临的巨大挑战，到了公司董事会的办公室，巴菲特写下了：英国航空公司的投资将有助于美国航空公司"确保生存并且最终繁荣"。在韦斯科公司 1993 年的股东年会上，芒格谈到美国航空公司股票时说："我们受到了一点惩罚，而且还没有结束。"

1994 年 5 月，英国航空公司透露，它可能中止进一步对美国航空公司的投资计划，那时英国航空公司已经给美国航空公司投资了 4 亿美元，而且还计划再投资 4.5 亿美元。此消息一公布就导致美国航空公司的股价狂跌，并且出现了极端恶劣的一位数字的股票价格。

惨剧一直持续着，到了 1994 年 7 月 2 日，当时美国航空公司的一架飞机在夏洛特附近坠毁，57 人遇难。对公司来说，这是一场灾难。1994 年 9 月 8 日，又一架美国航空公司的飞机在匹兹堡附近坠毁，机上 132 人全部遇难，这是在近 5 年中第 5 次导致重大伤亡事故的坠机事件。一段时间后，美国航空公司推迟了对伯克希尔的优先股股息的分配，该股息到期日是 1994 年 9 月 30 日。

1994 年第 4 季度，伯克希尔减少在航空公司投资的账面价值，从纳税前的 2.685 亿美元降至 8 900 万美元，大约 1 美元对 25 美分。

1995 年，作为公司董事的巴菲特和芒格表示：关于削减费用问题，假如航空公司不能及时与它的劳工组织达成协议，他们将辞职。

1996 年，随着新任首席执行官斯蒂芬·沃尔夫的到任，公司开始复苏，并且股票价格开始反弹。

巴菲特试着在航空公司销售它的股票，在伯克希尔 1996 年的年报中，巴菲特写道："早在 1996 年……我再一次试着更多地减仓——这次约 3.35 亿美元，不幸的是，我的企图再一次失败。"

美国航空公司没有出现巴菲特式的好时光。总之，公司没有优先飞行航线，《金融时报》1998 年 5 月 15 日发表评论："我们不能犯更多的错误……"

美国航空公司由于到期的债权和积聚的现金，授权大量回购普通股。1998 年 2 月 3 日，美国航空公司宣布将回购伯克希尔公司手中所持价值 3.58 亿美元的优先股，转换成约 924 万普通股，价值约 6.6 亿美元。

巴菲特的"错误"变成了并非胜利的胜利，无论如何，在美国航空公司长达 9 年的持股时间内，投资的回报最终还是超过了巴菲特所参照的衡量基准——标准普尔 500 指数。

收购博希姆公司

巴菲特曾和博希姆珠宝公司的总经理艾克·福莱德曼进行过一次简短的面谈。之后不久，巴菲特就收购了这家珠宝公司。

位于奥马哈市的博希姆珠宝店，拥有 10 万件的珠宝存货量。博希姆公司和博希姆公司网站共有 300 名员工，除了蒂芙尼（Tiffany）在第五大街的旗舰店之外，它是全美最大的一家珠宝店。

1870 年，刘易斯·博希姆创立了博希姆公司。1947 年，刘易斯·福莱德曼和他的妻子丽贝卡收购了这家公司，丽贝卡的姐姐就是内布拉斯加家具公司著名的 B 夫人。丽贝卡的儿子艾克·福莱德曼曾经在内布拉斯加家具公司上班，现继承父业，接管了这家公司。

1986 年，博希姆公司连同其 35 名员工从原先位于奥马哈商业中心面积为 6 800 平方英尺的商店搬迁至摄政时尚购物广场一处面积为 45 000 平方英尺的新店铺。这家拥有价值 6 000 万～7 500 万美元商品的珠宝店，占领了奥马哈市一半以上的珠宝市场。

博希姆公司通常会把一些产品，比如说价值 4 万美元的手表，寄给那些值得信赖的顾客供他们挑选。让顾客仔细察看那些产品，留下想要的产品，然后把剩余的产品退还回来。巴菲特曾说，在这个基于信任的销售系统中，从来就没有发生过一例失信的情况。

1988 年圣诞节购物期间，巴菲特来到博希姆珠宝店。在他仔细观察一枚戒指的时候，博希姆珠宝店总经理耶鲁大声说："不要把这个戒指卖给沃伦，把整个商店卖给他吧！"

看完这一年的第一组产品目录后，巴菲特对这家店产生了兴趣，并打电话询问收购这家商店的可能性。在福莱德曼家中，巴菲特同福莱德曼和耶鲁进行了一次简短的面谈。随后不久，巴菲特就从博希姆公司总经理艾克·福莱德曼的手中收购了这家珠宝店。

这次谈话的主要内容仅仅用了 10 分钟的时间。巴菲特就这家企业提出了如下 5 个问题：销售量如何？费用如何？毛利润如何？库存量如何？你们愿意继续留下来吗？

提了 5 个问题之后，他要求艾克开出一个价钱。后来，三个人在巴菲特的办公室里又见了面，沃伦和艾克在达成交易时握手以示祝贺。这份合同的内容非常简短，签名甚至比合同的内容还要长。双方花费的法律方面的费用共计 1 100 美元。

巴菲特和福莱德曼约定不公开这次收购的价格，不过收购价格肯定要超过 6 000 万美元。

巴菲特开了一张支票，他这次是以现金的形式支付。伯克希尔公司旗下又诞生了一个合伙公司。

当时，巴菲特说："艾克，我只和少数几个人以这种方式做生意。它们没有一家是《财富》500 强企业。"

巴菲特说："现在，忘掉刚才发生的事情，还像以前那样努力工作吧。"巴菲特没有和他们讨论企业的未来成长，也没有改变一贯的决策方式，对扩大规模或者提高利润只字未提。巴菲特还明确表示他不会干涉原有的经营。

在描述博希姆公司经营的基本因素中，巴菲特列出了如下几点：（1）备货充足，品种齐全，价位丰富。（2）高层管理人员每天关注经营细节。（3）精明的采购。（4）较快的周转率。（5）很低的费用支出。他说："后面三个因素的巧妙结合，使得这家珠宝店的价格在国内无人能敌。"这或许是他收购这家企业的根本原因。

1989 年，伯克希尔公司收购了博希姆公司 80% 的股份。在伯克希尔股东年会的周末聚会中，这里成为股东们举行鸡尾酒会的场所。

1991 年，耶鲁被任命为公司总裁和首席执行官，而福莱德曼的女婿马尔文·科恩则被任命为执行副总裁。巴菲特被任命为博希姆公司董事长，那时，他已经是伯克希尔公司总裁，以及索罗门公司的过渡期总裁。1994 年初，出于对家庭的责任，耶鲁离开了这家公司，但他继续留在董事会。

之后，巴菲特任命 34 岁的苏珊·杰奎斯为公司总裁和首席执行官。她最初是以珠宝鉴定人和珠宝专家的身份进入这家公司的。在津巴布韦长大的苏珊来到了美国，曾经作为一名世界杰出的珠宝学学生而获奖。她加盟博希姆公司时才 23 岁，当时的工资是每小时 4 美元。

博希姆公司的改扩建工程在 1997 年竣工。它增加 7 000 平方英尺的营业面积和展览室，总的面积达到了 5 万平方英尺。此后，博希姆珠宝公司更是迅速发展壮大，成为珠宝行业不可小觑的一股力量。

第三章 "股神"传奇的生活故事

　　让我们走进巴菲特的生活，感受巴菲特独特的人格魅力。从巴菲特为人处世的细节中，可以感觉到他独特的人格魅力。看"股神"平凡的一面，看看他和家人朋友间的关系是怎样的，看看他日常生活的小细节，让我们更近距离地去感受"股神"的生活。

喜欢多彩生活的苏珊

巴菲特的夫人苏珊是一个爱好广泛、生活丰富多彩的人。她曾怂恿巴菲特参加过一个"美食俱乐部"。一群夫妇聚在一起，这个月吃瑞典牛丸，下个月吃法国油煎薄饼。但巴菲特显然没有融入其中，他每次来到俱乐部，总是乐呵呵地要一份汉堡包，这是他百吃不厌的食物。

慢慢地，苏珊对这样的生活失去了耐心，她不想继续做一名全职太太，每天以丈夫和孩子为中心，完全没有自我。她想到了年轻时就喜欢做的事——唱歌。苏珊认识巴菲特的时候，就经常在餐厅里唱歌，现在，她想重新找回自己当初的梦想。

1975 年左右，苏珊开始尝试在私人聚会的时候演唱。接着，她很快就在正式的夜总会登台亮相，穿着亮闪闪的衣服，看上去性感迷人、曲线玲珑。随后，苏珊大部分的时间都在一家法式咖啡馆的歌舞表演中担任独唱，这家咖啡馆是位于奥马哈市中心的一家高档餐厅。

巴菲特在苏珊开始表示想唱歌时热心地鼓励："亲爱的，尽量去做让你高兴的事情吧。"但他万万没有想到，这是他婚姻危机的开端。这时候，巴菲特早已实现了自己当初的诺言，苏珊拥有的巴菲特公司的股票价值 30 亿美元，这让她更有能力去追求当初的梦想，逃离没有关爱的婚姻生活。

苏珊的好友说过："苏珊是个很有情趣的人，她是一台彩色电视机，和她比起来，大多数人都是黑白电视机。"不幸的是，巴菲特就是黑白电视机中最黯淡的一台。

结婚 25 年之后，45 岁的苏珊决定搬到旧金山自己住。她向巴菲特保证，她将继续照顾他，这并不是法律意义上的分居，他们仍旧是夫妻。

搬到旧金山后，苏珊只有很少的时间住在那里。她把大部分时间用于各种各样的公民事业，特别是公民权及计划生育方面的事情，这需要她到处旅行，四海为家。她曾开玩笑说，她是个"老年吉普赛人"。

她主动去帮助奥马哈市住房工程中那些需要帮助的人们。她还帮助一些黑人青少年，多年来和他们一直保持书信来往，鼓励他们要认真学习。1997 年，她还正式录制了一张 CD，其中她演唱的歌曲包括《进来避雨》《我们的归属在哪里》《把小丑带来》等。

到 1999 年，苏珊正式就职于奥马哈市森特高级中学的名人纪念馆。她在接受《奥马哈世界先驱者报》采访时说："对我来讲，森特高级中学一直是市立学校的象征。它所设课程齐全，学术性强，招收社会各阶层的孩子，就像一个学校应该做的那样。在这个学校里，有各种各样出身的孩子，他们过着不同的生活，但是能一起来到这个学校，一同学习知识。"

苏珊是一位坦率、友好、有尊严的高贵女人。她虽然和巴菲特分居，但是他们的关系依然很亲密。他们经常一起旅游、参加一些社交活动，大约每个月都要见一次面。

谈到分居，巴菲特说："这样不错，她可以到处旅游。她是一个自由的人。"他们的女儿说："她是我所认识的人中最好的一个。当人们让我父亲列举他心中的英雄名单时，我母亲的名字是排在第一位的。我父母的关系非常好，他们之间很亲密，彼此都非常尊敬对方，深深地爱着对方。事实上，我父亲也曾说过，我母亲和他的父亲是他生命中最重要的两个人，他们两个都对他的生活产生了最大的影响。"

他们的儿子说："如果说'每个好男人的后面都有一个好女人'这句话确实有些道理的话，那么，我父亲的成功中，肯定有我妈妈很多的功劳在里面。她是我所认识的人中最善解人意、最善良的一个。她始终如一地支持爸爸的事业，这一点对爸爸来讲是非常重要的。"

尽管分居多年，巴菲特对妻子一直怀有深厚的感情。巴菲特说过，他去世后会把伯克希尔公司的股票全留给他的妻子。

1991 年，苏珊被任命到伯克希尔公司的董事会当董事。巴菲特说，在维持伯克希尔公司的性质方面，她和他的观点是一致的。

2004 年 7 月 29 日，苏珊因病去世，享年 72 岁。这个热爱唱歌、旅行和自由的老人走完了她的人生之路，而留给巴菲特的是一段悲伤的日子。

妻子去世后的悲伤日子

苏珊去世之后，只要一提到她的名字，沃伦就满眼泪花。随着葬礼的临近，一直忙着安排葬礼的女儿发现父亲还是顾虑重重。

"您不必参加葬礼的。"她对他说。沃伦

痛苦不堪。"我去不了。"痛苦的沃伦无法面对苏珊下葬的那一刻。

不同于沃伦，许多人都希望自己可以亲自参加追悼会，表达对苏珊·巴菲特的悼念。然而追悼会进行得却很低调，只有家人、博诺和他的妻子阿里、博比·施赖弗还有苏珊最要好的几位朋友参加。苏珊的音乐家朋友戴夫·斯特赖克弹吉他，格莱德纪念教堂的牧师塞西尔·威廉姆斯主持葬礼。博诺唱了《有时候，你不能独自承担一切》，悲伤的人们痛哭流涕。

几周过后，似乎一切都恢复了正常，而沃伦的世界却空了。对于很久以前父亲的去世，他是站在第三者的角度看待。但是这一次亲历了苏珊的离去，他一下子陷入了极度痛苦之中，现实让他觉得害怕。

苏珊的去世让他意识到自己同样必须面对死亡。74岁生日一天天近了。他希望自己打起精神，只和几个朋友说希望他们在他生日的时候到奥马哈庆祝。几天后，女儿打电话告诉父亲的朋友们，还是别来。沃伦完全没有准备好。其实，分散痛苦对他来说不是最好的办法。痛苦不可能缩短，必须一点点经历。

他无法摆脱悲伤，即便在梦中也是如此。和苏珊永远分开，他们两地生活的这些年他从来没有想到的别离却突然成为眼前的现实。他总是梦到在苏珊去往医院的漫漫路途中，困在救护车里，自己一点都帮不上她，不能让车停下来。星星点缀的寒冷夜空衬托出沉寂的大山的轮廓。救护车沉默地在蜿蜒的山路上盘旋。路在他们眼前无尽地延伸，一英里接着一英里，一排排树木仿佛从山脚向上的朝圣者。车厢后部，苏珊躺在担架上，面色苍白，极其安静。救护车的声音渐渐远去，一排排杜松就像山坡上生长的淡淡的苔藓，前方的路越来越窄，无尽地延伸。流星划过头顶漆黑的夜空。时间一点点凝固。

以前不管她关心照顾过的人有多少，不管她内心有过怎样的挣扎，不管她选择了多少种不同的生活，她总会回到他身边，不会让他失望，可现在却等不来她的回应。救护车在漆黑的大山里缓缓而行。氧气罐在寂静中发出点点声音，伴着他的眼泪。车厢后部只有安静，听不到她的呼吸，甚至看不出她的痛苦。

沃伦心急如焚，内心随着车轮的滚滚向前而翻江倒海。

但是苏珊永远离开了他，去了另一个世界。

巴菲特七十六岁的婚礼

2006 年 8 月 30 日，巴菲特在他 76 岁生日那天，举办了他人生中的第二次婚礼，新娘是阿斯特丽德·门克斯——和他同居了 28 年的女友。

其实，巴菲特夫人在去世前，一直关心着巴菲特，有时候，他们也一同度假。但慢慢地，巴菲特夫人越来越喜欢独居，于是，一个大胆的想法出现了——为巴菲特找一位全职主妇。毕竟，她不能让自己法律上的丈夫每天以花生和爆米花为生。她介绍奥马哈的几个女人去接近巴菲特，为他做一顿晚餐或者邀请他看电影，门克斯就是这些女人之一。当时，门克斯只是巴菲特夫人在演出时认识的法式咖啡馆的女招待，相貌平平、朴实无华，已经 30 岁了。这位来自立陶宛的移民和亿万富豪巴菲特之间有着天壤之别，她做梦都没有想到自己会有一天和这个富翁牵扯上关系。但她以一手出色的煲汤手艺赢得了巴菲特的心，最后，她搬进了巴菲特的老房子，两人开始了同居生活。

门克斯的到来为巴菲特的生活带来了阳光和安宁。巴菲特又能体面地出现在董事会或者镜头前了。如果说巴菲特夫人安抚了巴菲特的心灵，那么门克斯则安抚了巴菲特的肠胃。一直以来，巴菲特热爱的都是热狗、冰激凌、汉堡包、爆米花等高热量高脂肪的食物。每当晚餐过后，他都会吃一块厚厚的香草冰激凌，涂上很多巧克力和麦乳精。门克斯说，巴菲特的血管里流淌的不是血，而是可乐，先是百事可乐，然后是可口可乐。一种樱桃可乐更是他的最爱，他每天至少喝 5 瓶樱桃可乐，即便在早餐时也不例外。巴菲特说，只有这样，才能满足他每天 2 800 大卡的必需热量，让他不至于早早饿死。现在，门克斯在冰箱里塞满可乐，把家收拾得井井有条。巴菲特说："早晨，在离家前往办公室的时候，我真想跳一场踢踏舞。"

门克斯和巴菲特夫人一直保持着良好的朋友关系。每逢节日，她们会联名为朋友们馈赠礼物，落款依次是巴菲特、苏珊和门克斯。

苏珊和门克斯也有着良好的分工：门克斯负责巴菲特每日的饮食起居，苏珊则担任巴菲特公司的董事，并陪同他参加一些重要的外事活动。巴菲特的朋友早习惯了这样的情景：巴菲特在晚会的主席台上发表讲话，台下并肩坐着他的妻子和他的同居女友。

不少人可能会想，世界第二富翁的婚礼，一定会规模宏大，十分奢侈和豪华。然而，出乎意料的是，这场婚礼只有 15 分钟。

巴菲特的这场婚礼是在其家乡内布拉斯加州奥马哈市举行的。过去的几十年，巴菲特和门克斯一直住在这里。自从苏珊去世后，巴菲特从未透露过再婚的打算，因此这个婚讯可谓突如其来。

婚礼举行的前几天，一向俭朴的巴菲特让女儿陪着他到当地一家属于伯克希尔·哈撒韦公司产业的珠宝店，选购了一款能享受员工折扣的漂亮钻戒，作为给门克斯的定情信物。55 年前，他也是在这家珠宝店为前妻苏珊购买了结婚钻戒。

巴菲特有意把婚礼办得异常低调。他将婚礼地点定在女儿的家中，获邀前来的宾客也很少。婚礼当天，巴菲特穿了一套很一般的西装。60 岁的门克斯则穿着浅蓝色丝质上衣和白色长裤，手持一束白玫瑰。新娘门克斯在婚礼上兴致很高，毕竟，这是她第一次登上婚姻的殿堂。在当地法官的见证下，短短 15 分钟两人就完成了婚礼。"无论贫贱还是富贵，只有死亡能让我们分开。"婚礼上的誓词早已是门克斯心中不变的承诺。仪式结束后，巴菲特夫妇和客人一起到附近一家海鲜餐馆进行了庆祝。这对新人并没有度蜜月的计划，第二天巴菲特就按时到公司上班了。

巴菲特的女儿在接受访问时对父亲的选择表示由衷的欣慰，"我们真的很感谢她。她爱我父亲，一直照顾他，即使他一文不名，门克斯还是会跟他在一起"。

巴菲特的婚礼举办得如此简朴，给妻子的结婚钻戒都要到能够享受折扣的珠宝店购买。是婚礼不重要吗？不是，巴菲特和门克斯等待了 28 年。是巴菲特太过吝啬吗？更不是，他一次性把几百亿美元捐给了慈善事业，多少年来他的善举一次次感动世界，他对慈善事业的热爱和贡献有目共睹。

巴菲特如此低调地举办婚礼，是他金钱观、价值观和财富观的又一体现。他以自己的劳动成果来回报大家，以自己的财富能够最大限度地回报社会作为自己的人生目标。

生活朴素的世界富豪

巴菲特的脸有点椭圆形，上面镶嵌着一双淡褐色的眼睛，看东西时需要戴上厚厚的远近两用眼镜。他有一头浓密的头发，难以梳理平整，总是零乱得好像要飞起来似的。巴菲特的肤色有点苍白，双手像奶油一样柔软。他很容易被看成是职员、银行家、会计师，或是美国沃尔玛连锁百货公司一个很普通的员工。他走路的样子像是在大步慢跑。在他急于赶往某处的时候，步子会超出正常步幅的限度，看起来有点笨拙不雅。

巴菲特拥有敏锐的反应、快乐的性格、朴素的智慧、亲切的态度。他身上集合了本尼·杰克和威尔·罗杰斯的特征，从而给人留下了深刻的印象。他看起来非常像一个心不在焉的教授：一头乱糟糟的头发，皱皱巴巴的衣服，高声说笑中夹带着中西部的口音。

尽管他已经是世界富豪，但他的生活是极其节俭的。就连他通常戴的一副大大的玳瑁眼镜，据说也是玛格丽特·撒切尔送给他的。他的衣着品味常令外人觉得不可思议，他的午餐经常是爆米花、花生米、洋芋片和可乐。

1986 年的一天，巴菲特穿着卡其布的裤子、夹克，系着一条领带，出现在奥马哈的红狮饭店，接受《渠道》杂志的采访。"我专门为此打扮了一番的。"他有点羞怯地笑着说。

虽然他买过一套价值 1 500 美元的意大利西装，但是只有在极少见的场合下他才会穿。

就像他的女儿说的那样："有一天，妈妈去商场，说'咱们给他买一套新西服吧……他穿了 30 年的那套衣服我们都看烦了'。"

"所以，我们就给他买了一件驼绒的运动夹克，一件蓝色的运动夹克，仅仅是为了让他有两件新衣服。但是，他让我把衣服退掉。他说，'我有一件驼绒的运动夹克和一件蓝色运动夹克了'。他说话的语气非常严肃，我不得不把衣服退掉。"

苏珊补充说："他不把衣服穿到非常破旧是不肯换的。"

实际上，没有人会在意，巴菲特工作时是穿着男士无尾正式晚礼服还是游泳裤。

《华盛顿邮报》的凯瑟琳·格雷厄姆在自传里讲过一个故事：有一次在机场，她向巴菲特借 10 美分用来打电话，巴菲特掏出一枚 25 美分的硬币，转身要去换钱。凯瑟琳叫住巴菲特，说她用那枚 25 美分的硬币也可以打电话，巴菲特这才有点羞怯地将那枚硬币交给她。

有一次，格雷厄姆夫人在弗吉尼亚的家里读本杰明·格雷厄姆为初学者写的书，有人告诉她说，她要尽快地读完这本书，因为沃伦不愿把书借出奥马哈公共图书馆的时间太长而缴纳一笔数额很小的罚金。

巴菲特在观看球类运动时，不时地会从克拉克·杰克爆米花的盒子里抓出一把爆米花津津有味地吃着。他的菜单不会给医生们留下什么深刻的印象，但是医生们声称，他的身体非常健康。早晨，人们经常看见他在步行车上进行锻炼。现在他对那些垃圾食品也多少有些收敛，但是，对食盐的摄取量却仍然不加以限制。对他来讲，油炸玉米饼是他的主食。

很难让人相信的是，作为世界富豪的巴菲特也有没钱付餐费的时候。20世纪80年代中期的一个星期天，巴菲特发现自己没有足够的钱来付一笔数额很小的账单。

"他穿得很邋遢，只要了一杯麦芽酒和一袋薯条或别的什么，我意识到他可能身上没有带足够的钱来付账。"维吉尼亚·李·普拉蒂说。她是奥马哈一位退休的老师，是巴菲特母亲的老朋友，她们经常一起打桥牌。"我说：'沃伦，我能帮你吗？'他回答说：'这太不好意思了。'"

他在鼓德瑞奇饭店吃的这顿饭共花了3.49美元，但他却无法付账。他说，因为他把数额小的钞票都给了他的孩子们，身上只剩下了一张面值100美元的钞票，而这家小饭馆又没有足够的零钱找给他。

这就是巴菲特，一个拥有几百亿美元资产的富豪，却过着极其朴素的生活，这也让我们看到了他的可爱之处。

爱护你的大脑及身体

巴菲特一直担心自己陷入芒格所讲的鞋扣情结，作为商业领域的专家，要对任何事情都表现得无所不知。但是，从 20 世纪 90 年代中期开始，他就连续不断地被问到关于投资的诸多问题，而且也作了回答。他经常接触运动员和大学生，经常向他们讲述一个关于精灵的寓言。

"我 16 岁的时候，心里只有两件事情——女孩子和车子。"巴菲特这样开头，以一种突破常规的方式避开直接谈论金钱，"我不是非常善于和女孩子交往，所以就想拥有一辆汽车已经很不错了，当然也会想女孩子的事情。幸运之神满足了我对汽车的向往。"

"在我 16 岁生日的时候，出现了这样一位精灵。精灵说，沃伦，我送你一辆你喜欢的车，你明天早晨就可以看到，崭新的上面系着一个大大的蝴蝶结的那辆，就是给你的车子。"

"听完精灵的话，我接着就问有什么条件。精灵这样回答，只有一个条件，这辆车就是你此生所拥有的唯一一辆车。所以，必须用一辈子。"

"如果事情真的发生，我就会得到自己心爱的汽车。但是，大家可以想象，在知道这辆车必须用一辈子的情况下，我会怎么做呢？"

"我会把用户手册仔细阅读五六遍，长期坚持在车库存放车辆。哪怕有一点点凹痕或擦伤，我都会立即修复，因为我不希望这辆车有一点点破损。我会精心呵护这辆车，因为这是我要使用一辈子的车。"

人们的大脑和身体也是这样。每个人只有一个大脑和一个身体伴随一生，这无法改变。现在，人们总会在不经意间长期忽视自己的大脑和身体。但是，如果不去呵护自己的大脑和身体，面临的就是健康极度受损的状况，就像汽车一样。

"此时此刻你的所作所为将决定10年、20年和30年后你的大脑及身体的健康状况。"巴菲特这样说。

两位"巨人"的初次会面

1991年美国独立日的那个周末，在凯瑟琳·格雷厄姆和《华盛顿邮报》的主编梅格·格林菲尔德的倡议下，巴菲特和盖茨见面了。

对于盖茨，巴菲特非常欣赏，尽管巴菲特比盖茨年长25岁。他知道盖茨是一个非常聪明的人，但更重要的是，一直以来，两人就是《福布斯》财富榜上被人们比较的对象。不过，巴菲特对于IT人士并不感冒，他不同意参加凯瑟琳的周末之旅，但是在格林菲尔德的劝说下，巴菲特动摇了。格林菲尔德告诉他："你肯定会喜欢上盖茨的父母的，而且还有很多有意思的人也会去。"最终，巴菲特还是同意了。

　　想到要见到巴菲特他们，盖茨的心里何尝不是一样呢？"我和母亲谈了谈，而结论就是母亲质问我，问我为什么不来参加家里的聚餐。我告诉她我太忙了，我走不开，可她却搬出了凯瑟琳·格雷厄姆和巴菲特两个人，说他们都参加了！""我又告诉我的母亲，我对那个只会拿钱选股票投资的人一点都不了解，我没有什么可以和他交流的，我们不是一个世界的人！不过在母亲的坚持下，我还是答应了。"

　　对于两位"巨人"的第一次见面，很多人都在仔细观察。至少在一点上，巴菲特和盖茨是相似的，如果遇到不热衷的话题，他们会尽量选择结束。人们对于盖茨不善隐藏自己的耐心早有耳闻，而巴菲特，虽然在遇到感觉无聊的话题时不会提前走开，但是他依然有自己的方法从不感兴趣的话题中解脱出来。

　　在与盖茨的交流中，巴菲特还是和平常一样，没有过渡语言直奔正题，他问盖茨有关 IBM 公司未来走势的问题，他还向盖茨询问 IBM 是否已经成了微软公司不可小视的竞争对手，以及信息产业公司更迭如此之快的原因。盖茨一一作出了回答。他告诉巴菲特去买两只科技类股票：微软和英特尔公司。轮到盖茨提问了，他向对方提出了有关报业经济的问题，巴菲特直言不讳地表示报业经济正在一步一步走向毁灭的深渊，这和其他媒体的蓬勃发展有着直接的关系。

"我们一直在聊天，没完没了，根本没有注意到其他人。我问了他很多关于 IT 产业的问题，但我从来没有想过要理解属于他的那个行业。盖茨是一个很不错的老师，我们谁都没有结束这次交谈的念头。"巴菲特这样说。

巴菲特和盖茨边走边谈，从花园来到了海滩。"我们根本没有注意到这边这些人的存在，没有发觉周围还有很多举足轻重的人，最后还是盖茨的父亲看不过去了，他非常绅士地对我们说，他希望我们能融入大家的这场派对，不要总是两个人说话。"

"之后盖茨开始试图说服我购买一台电脑，但我告诉他，我不知电脑能为我做些什么，我不介意我投资项目的具体变化曲线，我不想每 5 分钟就看一下结果，我告诉他我对这一切把握得很清楚。但盖茨还是不死心，他说要派微软最漂亮的销售小姐向我推销微软的产品，让她教会我如何使用电脑。他说话的方式很有趣，我告诉他：'你开出了一个让人无法拒绝的条件，但我还是会拒绝。'"

一直到太阳落山，鸡尾酒会开始，两人的谈话还没有结束。

捐给慈善基金会370亿

在2006年6月25日，一直被讥讽为"铁公鸡"的巴菲特一鸣惊人：向慈善事业捐款370亿美元。

世界第一富豪比尔·盖茨身家为530亿美元，拥有巨大的财富，在3年中捐出慈善款总额达150亿美元。2003年，各大报纸报道了盖茨夫妇的善举，他们的慈善行动让巴菲特心潮起伏。其实，巴菲特原计划等自己死后，将全部遗产留给妻子，由她把这些财产捐献给慈善事业。可是，2004年7月，苏珊中风去世，巴菲特无法从悲伤中走出来，他拒绝参加一切会议和聚会，也拒绝一切朋友的探望。盖茨感到非常焦急，他担心74岁的巴菲特长期这样下去会给事业和健康带来极大的不利，他和妻子梅琳达决定帮好朋友走出悲伤。

2005年夏天，经过梅琳达的反复劝说，巴菲特终于同意和盖茨一起去中国三峡旅游。这次旅行让巴菲特对人生有了新的领悟。他想起苏珊生前最渴望做的就是成为一名慈善家，可是妻子还没有实现自己的愿望就突然离去。那一晚，他找盖茨聊了整整一夜，最后决定，回美国后就开始他的慈善事业。

2006 年 6 月 24 日夜晚，巴菲特通知美国多家电台、电视台和报纸、杂志，说自己明天要宣布一件重要的事情。第二天早上 9 时，伯克希尔·哈撒韦公司的新闻发布厅里人头攒动。巴菲特在麦克风前郑重宣布："从今年 7 月起，我会陆续捐出价值为 370 亿美元的股票！这笔资金将捐给世界上管理最健全的慈善组织，那就是比尔和梅琳达·盖茨慈善基金会。"

创建于 2000 年的比尔和梅琳达·盖茨慈善基金会，是世界上最大的公益信托基金，一直致力于提高贫困国家的公众医疗水平尤其是控制艾滋病、非洲的疟疾和提高美国公共教育的水平。

听完巴菲特的话，在场的记者们沸腾了，370 亿美元，这笔钱相当于很多小国家全年的国民生产总值。接到消息后的盖茨立刻放下所有公务，和妻子一起来到巴菲特记者招待会的现场。看到好朋友的到来，巴菲特高兴地对着麦克风说："我之所以选择比尔和梅琳达·盖茨慈善基金会，一方面是因为我认为它是世界上最健全的慈善组织，另外就是我十分信任比尔和梅琳达，他们是我最好的朋友。"说完，他紧紧地拥抱了盖茨。

人们佩服这两位富翁身体力行实现着财富取之于社会，再归还给社会的理念，也感叹这份价值 370 亿美元的友谊和信任。

《福布斯》杂志估计，巴菲特的身家为 440 亿美元，这笔捐赠差不多相当于巴菲特个人财产的 85%，刷新了美国乃至全世界的个人慈善捐赠纪录。

巴菲特的这一决定令全世界目瞪口呆，因为一直以来，他既没有与自己的财富相匹配的物质生活，也不热心慈善事业。

翻翻美国几年前的报道，人们可以看到很多这样的批评——巴菲特"准备把他的财富带进坟墓"。对此，巴菲特倒也不否认，直言"我的问题在于对其他任何事情都不感兴趣，只喜欢管理伯克希尔，在这方面我很自私！"

巴菲特对儿女同样抠门。多年前，巴菲特就对儿女明确表示："如果能从我的遗产中得到 1 美分，就算你们走运。"此话并非戏言。巴菲特的儿女们都已过了而立之年，他们父亲的资本飞快增加，他们却必须自食其力。虽然巴菲特曾在妻子的劝导下给儿子买了一个农场，但是儿子必须按期缴纳租金，否则立即收回。

有人说，巴菲特的这种做事风格决定了他有一天会出人意料地贡献出所有财富。事实正是如此。

就连巴菲特的亡妻也许都没有料到，巴菲特会在慈善事业上有如此大的手笔。

大笔捐赠一直是巴菲特的亡妻苏珊的心愿。苏珊曾在接受电视访问时说，在慈善捐赠方面，巴菲特跟她"有很大分歧"。妻子的离去加快了他开展慈善的步伐。不久，巴菲特把苏珊持有的价值 25 亿美元的股票全部捐给了慈善基金会。在慈善事业排行榜上，巴菲特夫妇的排名从第 26 位飙升至第 3 位。

巴菲特还立了一份遗嘱，把个人财产的 99% 捐给慈善事业，用于为贫困的学生提供奖学金，以及为计划生育方面的医学研究提供资金。

巴菲特和比尔·盖茨的忘年之交

虽然巴菲特和盖茨两人在年龄上相差25岁，但他们却是忘年之交。巴菲特和盖茨经常切磋牌技，有时还一起在网上打桥牌。比尔·盖茨自小就是个"巴菲特迷"。

巴菲特与盖茨的友谊要追溯到多年以前。那时，盖茨已经是世界最年轻的亿万富翁。他对巴菲特早有耳闻。但在他的印象中，巴菲特固执、小气，靠投资发财，不懂先进技术。

在巴菲特眼里，盖茨也不过是运气好，靠时髦的东西赚了钱而已。后来的一次聚会让巴菲特和盖茨坐到了一起，聊起了各自的童年和对世界经济的看法。两人惊奇地发现，原来他们有着很多类似的经历。盖茨从小就是远近闻名的神童，36岁成为世界上最年轻的亿万富翁。而巴菲特11岁就用父亲给的零花钱拥有了第一只股票，从此一发不可收拾。1980年，他又用1.2亿美元买进可口可乐7%的股份……他的资产很快跃升为440亿美元。

两人有太多的共同点，谈得十分投机。1991年夏天，盖茨在一本杂志上看到巴菲特写的一篇文章《你应该把所有财富都留给孩子吗》。巴菲特在文章中指出："财富应该用一种良好的方式反馈给社会，而不是留给子女。我深信遗产对于子女只会'弊大于利'，巨大的财富不仅会使他们好逸恶劳，成为纨绔子弟，而且并不能帮助真正需要帮助的人。"盖茨的心中反复回味着这些话，第二天清晨，一夜无眠的盖茨找到巴菲特说："您的文章让我一夜未眠，我第一次意识到，把所有东西都抓在手里也许是个最大的错误！"巴菲特异常激动，因为这篇文章发表后，几乎所有的人都认为那是故作姿态。巴菲特紧紧拥抱着盖茨，他终于找到了知己，尽管比自己年轻25岁，但是盖茨的智慧和才华，让巴菲特深深敬佩和感动。

每年的8月5日，是微软一年一度业界高层CEO聚会的日子，1993年的CEO会议定在埃及召开。7月底，盖茨打电话通知巴菲特，巴菲特犹豫片刻后接受邀请。巴菲特的犹豫让细心的盖茨很不放心，放下电话，他立刻派人去巴菲特家看看。原来，巴菲特妻子的高血压病又犯了，巴菲特本来想在家陪陪妻子的，但是面对好友的盛情邀请，他还是答应了。在爱人危难的时候，守候在她的身边，这大概就是婚姻的意义吧。盖茨决心为他们做点什么。

8月4日，全部的CEO都聚集在飞机场，巴菲特安排好妻子，也准时到达机场。在候机厅里，他竟然看到了苏珊！盖茨看着满脸惊讶的巴菲特，笑着说："苏珊也是我这次会议邀请的成员。"巴菲特感动得说不出话来。

巴菲特和盖茨的友谊在不知不觉中加深，巴菲特甚至多次公开对媒体说，此生最了解他的人就是盖茨。

盖茨写了一本名为《未来之路》的书，他在写这本书时把对技术几乎是一窍不通的巴菲特作为自己的听众。盖茨在书中写道：

"以非凡的投资头脑而闻名于世的沃伦·巴菲特，是我的一位好朋友。多年来，我一直在考虑如何诱导他使用个人电脑，为了让他学着使用电脑，我甚至要对他动武。他对电脑一点都不感兴趣，直到他发现能通过联机服务和全国各地的朋友一起打桥牌时，事情才有了转机。前六个月，他一回到家就开始上网打桥牌，一玩就是几个小时。尽管他一直有意避开技术和技术投资，但是，一旦他尝试着使用计算机，他就会上瘾的。现在，好多个星期了，巴菲特使用联机服务的次数比我都多。"

他们两个一同观看了内布拉斯加州对华盛顿的美式足球比赛。1993年秋季，他们还在百慕大群岛和其他一些商业领导度过了一个星期，这些商业领导都和"巴菲特团体"有关。他们是非常要好的一个朋友圈，每两年都要聚一次，商讨一些世界事务。巴菲特曾几次参观微软公司，他鼓励盖茨认真地去读一下本杰明·格雷厄姆的作品。

有一次，盖茨在被问道："除微软公司总裁以外，你最喜欢的执行总裁是谁？"他回答说："沃伦·巴菲特。这个人很有头脑，我喜欢有头脑的人。他们不会拘泥于传统的做法。"

称自己和盖茨为"两个非同寻常的人"的巴菲特，对1992年12月29日《财富》新闻报道中盖茨对他的恭维回应道："我没有资格去判断他的技术能力，但是我认为他的商业头脑是非同一般的。

如果盖茨经营的是一个卖热狗的摊位的话，他也会成为世界热狗之王的。他不论是干哪一行都会成功的。如果他做投资的话，他将会非常出类拔萃，但是，他那一行我却干不来。"

巴菲特告诉《福布斯》杂志的记者说："比尔·盖茨是一个很好的朋友，我认为，他是我所见过的人当中最精明的一个。但是，我搞不懂这些小东西（电脑）是干什么的。"

巴菲特告诉特德·克派尔说："盖茨花了9个小时的时间，向我解释微软公司的情况，再也找不到比他更好、更耐心的老师了，也找不到比我更笨的学生了。但是，他的话我还是听懂了相当一部分，因为他是一个好老师，当我参观完整个微软公司后，我买了100股的股票。"但是，巴菲特说这并不意味着伯克希尔公司和微软公司将会有生意上的来往。巴菲特说他对电脑业一窍不通。"当我从电脑旁边走过时，总是担心它会咬我一口。但是，一旦把电脑打开了，事情就容易多了。在电脑上我唯一能做的事情就是打桥牌。"

1998年的一天，已有两个孩子的盖茨到巴菲特家打桥牌。盖茨抱怨："真是没想到管小孩比赚钱痛苦多了。"巴菲特摇头笑了笑，说："我自己有了3个孩子，我却觉得孩子比什么都可爱。你应该把他们当另外一个自己，当成一面镜子，我敢打赌孩子能影响到你的成长和成熟。他们从某种意义上说是你的管理者，是你的教练，是鼓励你的人……"

巴菲特自从第一个孩子出生后，就开始写记录孩子们的成长点滴的日记，每年写一本，总共写了近30本，里面记录了孩子们成长的点点滴滴，以及他教育孩子的心得体会。那些日记成了盖茨工作之外经常阅读的东西。巴菲特的美满家庭生活深深地打动了对婚姻持怀疑态度的盖茨。渐渐地，盖茨将生活的重心从工作转移到了家庭上，他与妻子梅琳达的关系越来越融洽，并且也会经常抽空带孩子们出去游玩。

酷爱桥牌的巴菲特

巴菲特是个爱好广泛的人，可是相对于打网球、高尔夫球和绘画，他最喜欢的还是打桥牌。

有一次，巴菲特问他的一位牌友，怎样才能做到在打桥牌时捣鬼。那人告诉他说："用一个假名。"

"我经常说，如果一个监狱的房间里有 3 个会打桥牌的人的话，我不介意去坐牢。"巴菲特说他的牌友很多，从彼得·林奇到乔治·伯恩斯。看起来好像是永远不见衰老的伯恩斯，在洛杉矶的山顶乡村俱乐部为他预定的座位上和巴菲特打桥牌。桌子的下面有一行字，写着"如果不到 95 分就不许吸烟"。在那里伯恩斯打败了巴菲特。

在 1993 到 1995 年间，以巴菲特为队长的公司桥牌队，在桥牌比赛中，连续 3 年打败了美国国会的桥牌代表队。

巴菲特喜欢和旧金山的莎伦·奥斯伯格打桥牌。她曾是两次入围世界女子桥牌冠军队的队员，曾在 1996 年希腊举行的桥牌比赛中，获得世界混合队的银质奖章。

奥斯伯格女士在 2000 年初辞职前，曾担任在线金融服务富国银行的行政副总裁。她在一次名人桥牌锦标赛上，通过卡罗尔·卢米斯认识了巴菲特。后来奥斯伯格女士劝说巴菲特在电脑上打桥牌。最后，巴菲特同意了。

"我们从内布拉斯加州的家具城里买了一台电脑，并安装在他的房间内。我们一周之内要玩几个晚上。他确实喜欢打桥牌。"奥斯伯格女士说。

"T 型骨头"是巴菲特在他美国国际商用机器公司的安浦蒂韦私人电脑上玩游戏时的称号。比尔·盖茨的称号是"蔡伦格尔"。他们通常在 OK 桥牌网站上一起打桥牌。

奥斯伯格女士是巴菲特的桥牌老师，现在，巴菲特的水平已经达到了世界级选手的水平。"最近，我们参加了世界桥牌冠军赛。但是，我们不得不放弃，因为他有紧急的商务需要处理，可是我们还是成功地进入了决赛。他正朝着世界级的水平发展，并会保持在这一水平上。他能和任何一个人打桥牌。因为他有很强的逻辑思维能力和解决问题的能力，能够做到全身心投入。"奥斯伯格女士通过她和巴菲特的关系，还和比尔·盖茨、凯瑟琳·格雷厄姆、美国最高法院的法官桑德拉·奥卡纳尔一起打过桥牌。

"我玩过的最激烈的游戏,是和盖茨为时6个小时的比赛。我们对巴菲特和芒格,我们输了28美元。巴菲特提出每点0.5分币的赌注,我认为查理会晕倒的。"奥斯伯格女士说,那场在盖茨家举行的比赛,大约是在中午开始的。巴菲特说:"7个小时之后,参加晚宴的客人来敲门了,但是,盖茨还想继续玩下去。"

巴菲特谈到桥牌时说:"这是锻炼大脑的最好方式。因为每隔10分钟,你就要重新审视一下局势……在股票市场上的决策不是基于市场上的局势,而是基于你认为你合理的事情……桥牌就好像是在权衡赢利或损失的比率。你每时每刻都在做着这种计算……"

在1996年伯克希尔公司年度会议结束后举行的宴会上,他们打起了桥牌,奥斯伯格和卢米斯一组,巴菲特和芒格一组。后来,奥斯伯格非常自豪地说:"我们赢了。"

《旧金山纪事》上刊登了一个有关奥斯伯格和巴菲特在网上打桥牌的故事。"从儿童时代开始打桥牌的巴菲特,现在变成了一个对在因特网上打桥牌非常上瘾的人。他通常一玩就是一个通宵,直到第二天股票市场营业。对奥斯伯格在电脑屏幕上打出来的问题,'T型骨头'的回答是,他一个星期大约打12个小时的桥牌。'很高兴你问的是打牌的数量而不是打牌的质量','T型骨头'回复说。"文章接着说,"从巴菲特打桥牌的风格,人们不难了解他在投资方面的策略。像往常一样,巴菲特婉言谢绝了记者的采访,但是,同意回答由奥斯伯格提出来的几个问题。"

巴菲特说:"投资方法和投资策略是很相似的,因为你要尽可能多地去收集信息,接下来,随着事态的发展,在原来信息的基础上,不断添加新的信息。不论什么事情，只要根据当时你所拥有的信息，你认为自己有可能成功的机会，就去做它。但是，当你获得新的信息后，你应随时调整你的行为方式或你的做事方法。"

"打桥牌时，你打出的每一张牌，都希望能得到你对家的支持和响应。在生意上，你办事的方式是，最大限度地使你的部门经理和员工都能为公司竭尽全力地去工作。"

但是，当记者问他的桥牌风格是否和他操作股票市场的风格相近时，巴菲特说："我没有玩市场，我在收购公司。"

可能在伟大的桥牌运动员和伟大的证券分析师身上，都有着直觉上的敏锐的判断能力，因为他们都是在计算着胜算的概率。他们相信自己基于一些无形的、难以捉摸的因素所作出的决定。

第四章　巴菲特写给股东的信

　　巴菲特写给伯克希尔公司股东的信，论述了公司治理、公司财务与投资、普通股、兼并与收购等内容，可谓精彩绝伦、妙趣横生，是既精练又富于实用性和教育性的投资手册，使人们能够从中领略到一个崭新的投资世界。

长期合伙人

查理和我希望，你们不要把自己仅仅看成是一张价格每天起起落落的小纸片的拥有者，而且当某种经济或者政治事件的出现让你觉得紧张的时候，这张纸片还是你首先拿出来抛售的备选品。反之，我们希望你把自己看成是一个你希望与之同生共死的企业的部分所有者，就像你与你的家人共同拥有一家农场或者一套住房的情况一样。作为我们来说，我们不会把伯克希尔的股票持有人看成是永远出出进进的一大群连脸都无法看清楚的人，而是把他们看成是为了打造他们美好的晚年生活，而把他们的资金委托给我们的联合投资人。

有证据表明，大多数伯克希尔的股票持有人事实上都已经接受了这个长期伙伴的理念。伯克希尔股票的年流动百分率在美国主要公司的股票中所占的比例非常小，就算是把我所持有的股票从计算中排除之后，情况也没有什么太大的不同。

在实际的操作中，我们的股票持有人对待伯克希尔股票的行为，与伯克希尔对待它所投资公司的股票的情况如出一辙。作为像可口可乐和吉列这样的公司股票的所有者，我们把伯克希尔看成是这两家非凡公司中的非执行伙伴。在其中，我们用他们的长期发展来衡量我们的成败，而并不看重他们的股票每一个月的波动情况。其实，如果几年过去了，这些公司的股票都没有交易，也没有报价，我们也不会有丝毫的担心。如果我们有一个很好的长期预期，短期的价格变化对我们来说没有丝毫的意义。当然，它们可能提供给我们以非常有吸引力的价格增持的机会除外。

查理和我不能够承诺给你们一个什么样的结果。但是我们能够保证，无论你在什么时间段选择成为我们的合作伙伴，你的金融财富就会与我们完全步调一致地共进退。我们是要赚钱，但是，只有我们的合作伙伴赚了而且是以完全同等方式按比例赚到了，才是我们真正的目标。另外，当我做蠢事的时候，我希望你们能够从我也按照与你们相对应的比例遭受了财务损失这样一个事实中得到一些安慰。

在伯克希尔公司，我们相信公司的钱是公司所有者的钱，在这一点上，我们与一个紧密型的公司、合伙制企业或者独资企业的情况是一样的。

责任感与管家心态

真正的独立意识——意思是在发现有什么事情确实做错了或者做得很愚蠢的时候，去挑战一位厉害的首席执行官的意愿——是一位董事身上最有价值的特质。这种特质也很稀缺，能找到这种特质

的人的地方就在那些利益
与普通股票持有人一致而
且是高度一致的高端人士
中间。

我们在伯克希尔进行
过这个研究。我们现在有
11 名董事，而且他们中的
每一位在与其家族成员合并后所持有的伯克希尔股票的金额都超过
了 400 万美元。另外，更为重要的是，所有者持有伯克希尔大量股
份的这种情况已经持续了很多年。这 11 人的其中 6 人的情况是，家
族拥有权至少高达数千亿美元，而且持有的时间都至少有 30 年。所
有的 11 名董事所持的股份都是像你们一样是在市场上买入的；我们
至今都没有分配过期权，也不存在有限制的股份。查理和我都喜欢
这种真正的所有权。不管怎么说，大家仔细想想，谁会认真清洗一
辆租来的汽车？另外，伯克希尔的董事津贴是象征性的。因此，所
有这 11 人从伯克希尔所得到的好处与任何的伯克希尔股票持有人的
好处是完全一样，是按持股比例分享的。而且，这样的做法我们还
会继续保持下去。

对于伯克希尔的董事们来说，所面临的不利的方面确实要超过
你们，因为我们没有给任何的董事和领导买过责任保险。因此，如
果在我们的董事们的职责范围内真的有什么灾难发生，他们将承担
的损失要远超过你们的损失。

我们的董事们的底线：你们赢，他们赢得多；你们亏，他们亏
得多。我们的方式或许可以被称为所有者资本主义。我们再也找不
出比这种模式更好的方式来实现真正的独立。（然而，这种结构并不

能保证完美的行为：我在伯克希尔持有巨额股份的公司的董事会里，在以往有问题的提案盖橡皮图章的时候，也只能保持沉默。）

除了做到独立之外，董事们还应该具有商业头脑、股票持有人倾向以及对公司真正的兴趣。在这些品质中，最难得的是商业头脑——如果这一条缺失，其他两条也没有什么意义。很多人都很聪明，口齿清楚而且令人敬慕，但是缺乏对公司的真正了解。这不是什么罪过，他们在哪里都可能是光彩夺目的，但是他们不应该被放在公司的董事会里。类似的情况是，把我放在一家医疗或者科技公司的董事会里，我也不会有一丁点的作用（尽管我可能受到一位希望按他自己的方式管理公司事务的董事长的欢迎）。我的名字可能会进入董事名单之中，但是我对于各种方案的关键性的评价，还没有足够的知识储备。另外，为了遮掩我的无知，我可能会保持沉默（如果你能够想象得到的话）。在实际的工作中，我完全可以被毫不费事地用一盆盆栽植物替换掉。

去年，当我们打算改组我们的董事会的时候，我邀请那些认为自己拥有成为伯克希尔董事所需的品质的投资人进行毛遂自荐。尽管既没有买责任保险，也没有实质性的补偿，我们还是收到了超过20份的申请。这些申请绝大多数都非常不错，都来自于具有所有者倾向的个人，而且家族持有伯克希尔股票合计价值超过了100万美元。在对他们进行了认真考虑后，查理和我，在获得在职董事们的一致同意之后，邀请了四位没有自己提名的股票持有人加盟董事会：他们是戴维·戈兹曼、夏洛特·居伊曼、东·科奥夫以及汤姆·墨菲。这四个人都是我的朋友，而且我非常了解他们的能力。他们将大量的业务才能带进了伯克希尔董事会。

企业"首选的买方"

我们长期所致力于的目标是成为企业"首选的买方"——尤其是那些由家族所创办的和所拥有的企业。要想达到这个目标，唯一的办法就是让它适得其所。那就意味着我们必须严守我们的承诺：避免以高负债的形式并购企业；授予我们的经理人非同一般的自主权；而且，无论市场情况好坏都坚持持有我们所购买的企业的股票（尽管我们更喜欢市场情况如芝麻开花）。

我们的历史记录与我们的说法保持一致。然而，很多买家都会与我们竞争，但是他们用的是另外的手段。对于他们来说，并购的只是"商品"。在他们购买合同上的墨汁都还没有干的时候，这些操盘手已经在谋划着"退出战略"了。因此，当我们遇到那些真正关心自己企业的卖家时，我们就拥有了一个杀手锏。

向后倒推几年，我们的竞争对手被称为"杠杆收购操盘手（LBO）"，但是LBO成为了坏蛋的代名词。所以，这些收购公司以一种冷血的方式，决定改变它们的名称。然而，他们换汤不换药的是他们以前的并购活动中本质性的那些成分，包括他们视为至宝的收费结构，以及对高负债率的喜好。

　　他们的新标签变成了"私人股权"，一个颠倒黑白的名称：这些公司进行的收购，几乎没有任何差别地导致了被收购方的资本结构中的股权比例与收购之前相比的急剧减少。这些被并购的公司中，就算那些只是在两三年前才进行的并购，现在面临生死考验的也不在少数，究其主要的原因，是那些私人股权购买者堆积在这些公司身上的债务压力。大多数的银行债务正在按一美元面值卖 70 美分的价格出售，而公共债务出售的价格则更低。应该注意到的是，私人股权公司不再急于向他们所并购的资产投入目前非常迫切需要的资金。相反，他们将自己剩余的资金捏得很紧。

管理自由

　　如果我们失败了，我们不会找任何借口。查理和我是在非常理想的环境里进行经营管理的。从一开始，我们就得到了一群先生和女士的非常不可思议的支持，他们具体负责经营管理我们的业务单位。如果有一个企业家名人堂，它的名册里肯定应该包括我们这些首席执行官里的很多人。伯克希尔的经营成果如果出现缩水，肯定不会是我们经理的错。

　　另外，我们崇尚一种难得一见的管理自由。大多数的公司都戴着机构性限制的笼头。比如，某家公司的历史可能让它将自己奉献给了某一个现在机会非常有限的行业。另一个更为常见的问题是，股票持有人的意见常常迫使其经理人按照华尔街的曲调跳舞。很多首席执行官会抵制，但是也有人屈服，而且所采取的一些营运和资本配置政策与他们自己能够自由选择的时候可能作出的选择大相径庭。

　　在伯克希尔，既没有历史也没有所有者的要求会阻碍明智的决策。当查理和我犯错误的时候，这些错误，用网球的术语来说——是非强迫性失误。

　　很少有公众公司的首席执行官们在类似的授权下进行运作，主要是因为他们的公司所有者中有那种只关注短期前景及报告中的收益的人。然而，伯克希尔拥有坚实的股票持有人基础，他们会持有股票长达几十年——一种在工作公司领域里能够看到的最长的投资期限。事实上，我们的股票绝大多数由那些到死的时候都还想持有这些股票的人所持有。我们因此可以要求我们的首席执行官们按最长期限的价值来进行经营，而不只是为了下个季度的收益。我们当然不会忽视我们的业务的当前结果——在大多数的情况下，这些结果具有非常重要的意义，但是我们永远不希望这些结果是以牺牲我们建设更强大的竞争力作为代价来达到。

和正确的人做生意

我们发现，所有者开始关心买主是谁，是一件非常有意义的事情。我们希望与那些热爱自己公司，而不是只爱销售能够带给他的那些金钱的人做生意（尽管我们也明白，他为什么也爱这些金钱）。这些有感情的附带条件的存在，也就标

志着这种重要的特质很有可能在这个业务里存在：诚实的账目、自豪的产品、对消费者的尊敬、忠诚的具有强烈方向感的员工。反过来的情况也基本上是正确的。当一位所有者将他的生意拿出来拍卖，如果他表现出了对该业务所属行业完全失去了兴趣，你常常会发现这个业务被进行了销售包装，特别是当卖方是一家"金融所有者"的时候。而且，如果所有者的行为对他们的业务和员工几乎没有任何的尊重，他们的管理通常也会污染整个公司的态度和实践。

当一项业务的杰作是用了毕生，或者是几辈人，无限的关怀和特别的才能打造出来的时候，对于所有者来说，公司被委托给谁来承传它的历史应该是非常重要的考虑。查理和我相信伯克希尔提供了一个几乎是独一无二的家园。我们非常严肃地对创建了这个业务

的人承担我们的义务，而伯克希尔的所有权结构确保我们能够履行我们的承诺。

保持不变的文化

　　我认为，我们的企业文化保持几十年不变的机会要大于我能够想到的任何其他公司。我们拥有一个随公司一起完整买入的董事会。几乎在所有的并购行动中，这些董事自己本身就是大股东。他们已经看到了这种做法的成效。我们从这种方式下面已经在 76 个企业中得到了 70 名经理。他们就是因为我们的这个文化才选择加入了我们。他们也看到了这种做法的成效。你们已经通过年度报告、年度会议让这种文化得到了很好的传播。我认为这是一种你们可能想象得到的最强的文化。我认为，任何试图糊弄它的人能够在这里待得住的时间都不会太长，而且事实上，我也会回来找这些人的麻烦。

共同进退

　　我们能够承诺你的——除了更多的适当收益之外，还有，在你
对伯克希尔拥有所有权期间，你的境遇与查理和我是完全一样的。
如果你痛苦，我们痛苦；如果我们兴旺，你也会兴旺。而且，我们
不会通过引入薪酬安排机制，让我们自己在参与公司活动的过程中，
有好处的时候多占，而在有麻烦的时候则让自己少受损失。

　　我们还进一步向你承
诺，我们个人的财富将大
规模地集中到伯克希尔的
股票上：我们不会要求你
与我们一起投资，然后随
之又将我们自己的钱投到
别的地方。另外，伯克希
尔还管理着我们自己绝大
多数家人的资产组合，以及大量的查理和我在 20 世纪 60 年代所经
管的合伙制企业的时候就加入我们的很多老朋友的资产组合。这些
情况可以说是我们尽一切力量做到最好的最根本的动机。

　　尽管我们最大的目标是让我们全体股东从他们对伯克希尔的所
有权中获得的收益最大化，但是我们也希望使那些以牺牲别人的利
益为基础而流入到某一部分股票持有人的利益最小化。这些都是我

们经营管理一个家族合伙制企业的时候所追求的目标，而且我们相信，它们对一个公众公司的经理人员也是同样的重要。在一个合伙制企业里，公平机制要求合伙者的利益在合作伙伴进入或者退出的时候要进行合理的估价；在一个公众公司里，只有当市场价格与内在价值同步的时候，才有公平可言。很显然，投资人并不总是能够碰到这种理想的状况。但是，一位经理人——通过他的政策和交流——在促进公平方面可以发挥很大的作用。

收购战略

我们不会参与不友好的收购行动。我们承诺能够完全保密，而且能够很快作出答复——一般情况下在 5 分钟内明确我们是否有兴趣。（与布朗的交易，我们甚至 5 分钟都没用到。）我们喜欢用现金购买，但是当我们收到的企业本身价值与我们付出的一样多的时候，也会考虑发行股票。

不像很多的企业买家，伯克希尔没有"退出战略"。我们购买后就持有。尽管我们确实有一个进入战略，在国内外寻找能够满足我们的六个标准，并且可以以一个能够产生出合理回报的价格买到的企业。如果你有符合这个标准的企业，给我个电话。我会像一个充满期待的小女孩一样，等在电话旁边。

有的时候，你的助手们会说："别的人也是这样做的。"如果这种理性是对一次商业行动主要的评判标准的话，那么这种理性基本上都可以说是一件坏事。当评价一个道德决策的时候，这样的做法是完全不可接受的。无论某人在什么时候把这样的说法作为理由，在现实中，他们所表达的意思是他们拿不出一个好的理由。如果有人给出了这样的解释，告诉他们去试试用它去应付一下记者或者法官，看看他们用它可以走多远。

我们的文化是非常老式的，有点像本·富兰克林或者安德鲁·卡耐基的文化。你能够想象卡耐基会雇用一堆顾问吗？想到这个做法居然还仍然这么有效，真是很令人惊奇的一件事情。我们买入的很多企业也像我们一样地老朽和老古董。

对于我们的很多股票持有人来说，我们的股票就是他们所持有的全部，而且我们已经很强烈地意识到了这一点。我们的（保守主义）文化有着深厚的根基。这是一个有着令人惊异的健康的地方。我们这里比大多数其他地方更能够抵御灾难。我们一直都没有像其他人那样，花这么大的力气去推动它。

监督经理人

经理人的能力和忠诚需要长期进行监督。

　　责任感与管家心态在过去的 10 年中开始衰落了，成为了一种被那些在大泡沫时代暴富起来的人所看不起的品质。随着股票价格的上涨，经理人的行为规范水准下降。一直到 20 世纪 90 年代末，出现的情况是，那些在高速公路上疾驶的首席执行官们没有遇到什么大的交通问题。

　　我们应该注意到，大多数的首席执行官都是些平常的男男女女，你可能很乐意把他们当成是我们孩子资产的托管人，或者就像是隔壁邻居。然而，在最近几年，这些人中有太多的人在工作中的表现实在令人不敢恭维，他们篡改数据，而且为很平庸的业务成果收取肮脏的费用。这些举止不端的人只是简单追随梅·韦斯特（Mae West）的职业道路："我曾是洁白的雪花，但是我堕落了。"

　　理论上，公司的董事会应该提前防止这种堕落的行为。我上一次写到有关董事责任的内容是在 1993 年的年报里。在这封信里，我说过，董事"应该像存在着一位缺席的所有者一样行事，他们应该尽一切努力以所有合理的方式促进缺席所有者的长期利益"。这就意味着董事应该废掉那些平庸或者糟糕的经理人，无论他有多么地招人喜欢。当一位 85 岁高龄的巨富问他的在歌舞团工作的新娘，如果他失去了他所有的金钱她是否还会爱他的时候，这位年轻貌美的女孩回答说，"当然了，我应该要想念你，而且我应该要仍然爱着你。"董事们的反应就应该像这个女孩一样。

在 1993 年的年度报告中，我也说到了董事的另一项工作："如果经理人很能干，但是太贪婪，把手伸得太长，而且试图深深插进股票持有人的口袋里，董事们必须严肃、果断地抓住他们的手。"自从我写下了那些文字之后，手伸得太长的情况成为了一种常态，但是被抓住的手则微乎其微。

为什么这些聪明而且体面的董事们会出现如此可怕的错误？答案不在于没有足够的立法——这一点一直都非常清楚，董事有责任代表股票持有人的利益——而在于相当程度上处于一种我称之为"董事会会议室氛围"的情形之中。

董事的素质

比如，在一个坐满了衣着光鲜的来宾的董事会会议室里，几乎不可能提出首席执行官是否应该更换的问题。面临同样窘境的问题

还包括已经得到首席执行
官批准的并购建议，特别
是当他的内部员工和外部
的咨询专家在场，以及一
致支持他的决定的时候。
（如果他们不支持，他们
就不会出现在会议室里。）

最后，当薪酬委员会——与通常的情况一样，得到了由高收费的咨
询顾问的全力支持——就有关给首席执行官授予巨额期权的情况进
行报告的时候，如果一位董事建议委员会重新考虑，就会像在宴会
桌上打嗝一样令人难堪。

这些"社交"难题在没有首席执行官出席的外部董事常规会议
上得到了支持。然而，我还不确定，这些新的治理规则和建议中的
大部分是否能够提供与其所产生的资金成本和其他成本相适应的
好处。

最近的呼吁是要求有"独立的"董事。需要有独立思考和说话
的董事当然是对的——但是他们必须也要是对企业有独到的理解，
有兴趣，而且是以股票持有人为中心的。

在我 1993 年的评论中，我把这些说成是三种根本性的素质。在
一个 40 年的时间跨度内，我已经进入过 19 家上市公司的董事会
（不包括伯克希尔的），而且与大约 250 名董事打过交道。按照今天
规则的定义，他们大多数是"独立"的。但是这些董事中，绝大多
数缺乏至少我推崇的三种品质中的一种。其结果，他们对股票持有
人福利的贡献中，最好的情况是微乎其微，而最常见的情况是负面

的。这些人尽管可以说是聪明而体面的，但是就因为对公司的了解不够深入，或者对股票持有人的关心不够，不会质询那些愚蠢的并购，以及那些臭名昭著的补偿方案。我也必须无地自容地补充说，我自己也常常做得不够好：当管理层提出那些我判断有违股票持有人利益的提案的时候，我保持了太多的沉默。在那样的情况下，一团和气战胜了独立性。

组建董事会

那些有人提出而且几乎确定要生效的规则将要求伯克希尔的董事会进行改组，迫使我们增加符合法规要求的董事来担当"独立"的大任。

要这样做，我们将增加一项测试，我们相信，在促进独立性方面，这项测试是很重要的，但是远不是决定性的：我们将挑选拥有巨额的而且真实的所有者权益的董事（也就是说，他们的股票是他们自己或者家族成员出钱购买的，而不是由伯克希尔送的，或者通过期权得到的），期望用这些权益影响他们的行为，并达到一定的高度，来抑制其他的考虑，诸如像名望和董事津贴。

　　这让我们想到了一个通常会被忽略的有关董事薪酬的问题，这个薪酬在上市公司来看或许平均为每年 5 万美元。这让我难以理解，很多董事在这些钱是他年度收入 20% 或者更多的时候怎么可能被认为是独立的呢？举个例子说，比如龙·欧尔森（Ron Olson），他是我们的董事，怎么可能只因为他从伯克希尔获得的合法收入只占其巨大收入很小的百分比，就被认为肯定会不独立呢？正如投资公司的大鳄们所提出的，一个大半收入严重依赖董事津贴的董事——而且强烈希望能够被邀请进入其他的董事会以便挣得更多的董事津贴——非常不可能冒犯一位首席执行官或者是其他董事同僚，因为他们在很大的程度上会在意在这个企业圈子里的名声。如果监管者相信，"可观的"金钱玷污了独立性（而且肯定是这样的），那他们就忽视了一个可能存在着违反者的广泛的社会阶层。

　　在伯克希尔，为了让津贴对我们的董事没有太大影响，我们付给他们的津贴是非常微薄的。另外，为了不让我们的董事与我们可能会遭遇的任何的企业灾难切割，我们没有为他们办理管理者和董事的责任保险（这是一个不规范的做法，也不是不经意的，我们在几年之中为我们的股票持有人省下了好几百万美元）。基本上来说，我们希望，我们董事们的行为模式由决定对他们家庭的资产净值所产生的影响所驱动，而不是由薪酬所驱动。查理和我作为经理人也是按照这样的情况执行的，而且我们认为，对于伯克希尔的董事们来说，这种做法也是对的。

规划与管理实践

你的公司的经营管理，应该是基于把财务决策放到高层（可能应该补充说，是最高层）的集中管理原则，而将企业以及业务单位层级的营运管理权力极大地委派给几个关键的经理人。我们整个集团公司总部的人员全部上场的话，刚好够一支篮球队（而且只是用了大约 1 500 平方英尺的办公区域空间）。

这种方式偶尔会酿成大错，不过，这些错误通过更紧密的营运控制，应该是可以消除或者减少的。但是，这种做法同时也极大地消除了成本的层级，而且也极大地加快了决策的速度。因为每个人都有大量的工作做，而且也都完成了大量的事情。其中最为重要的是，它使我们能够吸引并且留住那些特别有才能的人，那些通过正常的途径没办法雇到的人，他们发现为伯克希尔工作，几乎与经营他们自己的事业一样有认同感。

伯克希尔选拔经理人通常有几种重要的方式。举个例子说，这些男男女女中的绝大部分人自身都是非常富有的人，他们从经营这些他们现在管理的业务的过程中赚到了钱。他们做这份工作的原因既不是他们需要钱，也不是他们有合同义务必须要做，在伯克希尔我们没有合同。他们长时间工作而且很努力地工作，是因为他们热爱他们自己的事业。我使用"他们自己的"这个词是有意识的，因为这些经理人真的是在负责。在奥马哈没有大会陈述，没有需要总部批准的预算，没有发布过有关资本支出的声明。我们只是简单地要求我们的经理人按照这样的方式来经营他们的公司，也就是把这些公司看成是他们自己家族的唯一资产，而且在下个世纪仍然将维持这样的状况。

拥有这些像我们自己一样的经理人，我的伙伴查理和我，在具体的业务方面几乎没有什么事情可以做。事实上，或许这样的说法是对的，如果我们做得更多，能够实现的就更少。我们没有公司会议，没有公司预算，没有绩效评估（尽管我们的经理人当然在通常的情况下会发现这些程序在他们的营业单位中是非常有用的）。

查理指责我的犹豫不决。当一个问题存在的时候，无论是个人方面的还是业务运营方面的，采取行动的时机是当下。

查理和我不相信灵活的营运预算，像"如果销售收入是 Y，则非直接支出可能是 X，但是如果收入是 Y5%，则必须相应减少 X"这样的表述。难道就只是因为在某个年度或者季度利润出现下降的情况，我们真的就必须减少在《水牛城新闻报》（Buffalo News）上的新闻版面，或者降低此时的产品和服务质量吗？或者，反过来说，难道就因为金钱滚滚而来，我们就应该增加公司经济师、公司战略规划师各一名，或者做别的什么对伯克希尔没有任何好处的事吗？

这对我们来说没有什么意义。我们既不理解因为利润增长就增加不需要的人或者活动，也不理解因为利润萎缩就削减基本的人或者活动。这种摇摆不定的方式既不像是商业的做法，也不人道。我们的目标是在任何时候都做那些对伯克希尔的客户以及员工有意义的事，而且永远也不增加不需要的人和事。

在伯克希尔，我们信奉查理的格言，"只需要告诉我坏消息，好消息会自己照顾自己的"。而且这也是当我们的经理人向我们汇报的时候，我们希望他们的做法。相应地，我也欠着你们——伯克希尔的所有者一份有关三项业务的报告，这些业务去年经历了收益下滑，尽管他继续获得令人满意（或者更好）的投入资本回报率。每家企业都遭遇了不同类型的问题。

当你发现自己身处洞中的时候，你需要做的最重要的事情就是停止挖掘。

薪　酬

你们大多数人已经读到了关于索罗门兄弟薪酬水平很高的文章。你们中有的人应该也读到了我在伯克希尔－哈撒韦年度报告中有关激励薪酬的论说。在这些报告中，我说过，我相信合理的激励性薪酬计划是奖励经理人最好的方式，而且我也信奉真正非同寻常的报酬应该给非同寻常的管理成就的理念。我仍然信奉那些理念。但是索罗门兄弟的问题是，其薪酬计划在某些关键方面一直存在着非理性的情况。

其中的一个非理性就是总体薪酬水平相对于总体业绩来说显得太高。比如，去年证券部门赚取了大约 10% 的石油股权，资本收益远不抵美国商业的平均收益。然而，106 名为这个部门工作的人赚得 100 万美元，甚至更多。这些人中很多人做得非常出色，而且显然应该享有他们的收益。但是总体的结果却不尽如人意：尽管 1990 年在支薪前的营业利润与 1989 年相比持平，但是薪资却增加了 1.2 亿多美元。而这当然

也就意味着股票持有人收益下降了同样的金额。

在索罗门兄弟的业务中，将负债率与收益波动合并在一起，因此特别有必要而且也合理，将适用于经理人个人的财务等式与适用于普通股票持有人的财务等式进行比较。我们希望看到部门的经理人通过所有权变得富有，而不是通过简单的免费驾驭别人的所有权来变得富有。事实上，我认为所有权能够在合理的时间内给我们最好的经理人带来巨额的财富，或者其金额要远超过他们现在能够想象到的数字。

为了避免稀释，EPP（高管津贴计划）的受托人在市场上为这个计划购买股票，而且在未来的某个时间点上，公司自己也会选择进行股票回购来减少流通股票数量。在相对很少的几年内，索罗门公司的关键员工能够拥有 25% 或者更多的用他们自己的津贴购买的公司股份。每个员工越是更好地为公司工作，他就将拥有越多的

股票。

　　我们的按贡献付酬的理念，毫无疑问会导致某些经理人的离开。但是，很重要的一点是，同样一个理念也会引导那些高绩效者留下来，获得合理的收益，而不是眼睁睁地看着他们理应获得的奖励被部分地分给了那些绩效稍差的员工。事实上，我们很高兴地报告，我们最好的经理人中的某些人已经要求，将 EPP 进行修改，允许他们能够极大地增加他们可以通过计划进行投资的份额。

　　只要离开公司的人员数量不出现异常，这个结果就不应该被说成是坏的。其他与我们具有同样的思想和价值观的男男女女就会得到额外的责任和机会。最后，我们必须让我们的人来遵守我们的纪律，而不是反过来。

　　我们的目标就是 J. P. 摩根在几十年前说过的那个目标，他说他希望看到他的银行交易"第一流的业务，以第一流的方式"。我们将按照这样一个情况来对自己进行判断，不仅是通过我们做的业务，而且也通过我们回绝了的业务。而现在的情况是，在所有的大型组织中，都会存在索罗门的错误，甚至是失败，但是在我们的能力范围内，我们将很快认清我们的错误，并迅速地改正这些错误。

　　自从我履职以来，我作出过的最好的决策是任命德里克·摩根出任索罗门兄弟公司的首席运营官。他与菲布罗（Phibro）的管理层一起，与我携手，立志将索罗门兄弟公司打造成一个为客户、员工和所有者生产出最优成果的企业。

第五章　巴菲特的投资秘诀

巴菲特的成功，靠的是一套与众不同的投资理念，不同的投资哲学与逻辑，不同的投资技巧。在看似简单的操作方法背后，我们能悟出深刻的道理。

巴菲特有哪些投资"法宝"呢？

理性投资的最大敌人是自己

巴菲特主张集中投资，他认为：一方面，集中投资必须是理性的，如果你集中资金搞盲目投资，这样的投资风险太大；另一方面，当你要集中投资时，就必须冷静面对投资风险，因此集中投资又要求投资者理性思维，从而更谨慎地对待风险。

可以说，每一位投资者都会依据主观概率来进行投资，可是要通过理性思维来真正把握成功概率的大小，使之符合客观实际，就不是一般的投资者所能够做到的了。不过巴菲特认为，只要了解这家公司的内在价值，认真读过这家公司的财务年报，熟悉这家公司的业务，做到这一点也不算太难。

请看巴菲特的一个投资案例：

1990 年初，美国西海岸出现了严重的经济衰退。加利福尼亚州的许多银行由于资金被住宅贷款占用，经营十分困难。而在这些银行中，拥有最多商业不动产的银行是威尔斯法哥银行。所以大家一致认为，威尔斯法哥银行的股票最为脆弱。

伴随着这种判断，威尔斯法哥银行的股价从 86 美元/股急剧下跌，并且出现了股票恐慌性抛盘。这时候，巴菲特乐坏了，因为巴菲特对这只股票的判断与上述观点完全不同。

　　巴菲特为什么会如此自信呢？原来，他对银行业务十分了解，这一点是其他投资者无法与之相比的。所以，他建立在这种基础上的判断能力，也是其他投资者无法望其项背的。

　　早在 1969 年至 1979 年间，巴菲特就拥有大量的伊利诺伊国家银行和信托公司股票。正是在这个时期，这家银行的总裁让巴菲特学到了这样一条经验：一家银行只要经营得好，不但会使它的收益有所增长，而且还能得到可观的资产回报。而银行要经营得好，主要依赖于公司管理层——优秀的银行管理层不会去发放有风险的贷款，而且会不断降低运营成本；糟糕的银行管理层则相反，不但会增加运营成本，而且还会经常贷错款，造成坏账、死账。

　　巴菲特了解到，这家银行自从现任总裁卡尔·理查特1983 年上任以来，经营业绩一直非常不错：不但收益增长率、资产回报率高于同行业平均水平，而且运营效率在整个美国也是最高的，放款业务非常扎实，毫无风险。

　　巴菲特由此得出结论，在加利福尼亚州的银行业发生"大地震"和金融恐慌的风险确实存在，可是发生在威尔斯法哥银行身上的风险微乎其微。

　　那么，巴菲特为什么不担心这家银行商业不动产的比例最高呢？这难道也没有风险？确实，威尔斯法哥银行的商业不动产比例最高，可是巴菲特认为，由此造成的风险只会发生在经营管理不善的银行身上，不会对经营管理良好的银行造成太大冲击。

　　巴菲特算了这样一笔账：威尔斯法哥银行当时的税前年收益，即使扣除贷款损失 3 亿美元，余额仍然超过 10 亿美元。与此同时，即使又重新遭遇 1991 年那样的重创，即使该银行造成的损失不仅仅是商业不动产，而且还包括所有贷款（480 亿美元）在内，损失达到10%，结果又怎么样呢？所有这些情况都按最坏的估计，所造成的损失包括前期利息损失在内，平均损失量相当于本金的30%，这时候这家银行仍然能做到不亏损。

关于这一点，只有懂行的人才知道——如果银行放贷业务遭受10%的损失，那就等于这家银行受到了严重的经济萎缩，而出现这种情形的概率是非常小的，几乎不可能。

正是基于上述理性分析，巴菲特得出了与其他人截然相反的判断结果。

当威尔斯法哥银行的股价被市场强行打压了50%之后，1990年10月，巴菲特大举购买该股票，一下子购买了500万股。这样，伯克希尔公司就拥有了威尔斯法哥银行10%的股份。同时，也成为这家银行最大的股东。

这一举措让其他投资机构议论纷纷，连呼"看不懂"。巴菲特却胸有成竹，他认为胜算的概率极大，至少应该是2∶1。结果，事实最终证明他的判断是对的。

股票交易市场也可称为风险交易市场。投资者在买卖股票过程中面临诸多的风险因素。这些风险因素的存在，威胁着股票投资者，随时有可能给他们带来损失。但投资者往往没有注意到，他们自身的心理因素也构成了买卖股票的风险，而且有时候，心理因素给他们带来的损失比其他风险因素带来的损失更大。

投资者在股市中出资购买的是风险，但看中的却是股票未来的收益，因此在心理上并不觉得购买的是风险。投资者在股市中出卖的也是风险，尽管这种风险也许像阵风一样一吹而过，但在心理上他也并不认为出卖的只是风险，还可能是机会。谁都不会承认自己是个傻子，但是在股市上，聪明人干傻事却是不足为奇的。

　　人类历史上的杰出人物如牛顿、爱因斯坦、罗斯福都在证券投资中遭受过失败。牛顿在事后说："我可以计算天体运行的轨道，却无法计算人性的疯狂。"由此可见，在市场中保持理性和清醒是何等的难能可贵，而要成为赢家则必须克服自身的弱点，敢于坚持独立思考，不人云亦云。正如巴菲特所说："我们也会有恐惧和贪婪，只不过在别人贪婪的时候我们恐惧，在别人恐惧的时候我们贪婪。"

　　投资者的心理直接决定他对市场的判断，影响其投资行为，进而直接决定投资操作，也直接决定投资的成败盈亏。没有理性的、成熟的投资心理，即使在非常稳定的牛市当中，投资者也可能折戟沉沙。而一个理性的、成熟的投资者不但在牛市中能稳操胜券，而且在熊市中也能进退自如。

　　交易中的人性弱点是与生俱来的，想要完全克服是很困难的。但是它们对其行为的影响是可以控制的，成功的投资者能够成功地把它们控制在一个适度的范围内，不使其影响理智的思维。

　　美国著名投资心理学家范塔普博士在调查了大量成功交易员后，总结出成功交易员的心理状态及信念："金钱本身并不重要，输钱是可以忍受的，金融操作是一场游戏，坦然接受失败是制胜的关键，刚进场就知道会赢。"许多投资者入市的目的是希望赚更多的钱，这种贪婪的心理如果不加以克服，就会影响投资行为，使其无法保持理性。这就是造成他们失败的主要原因。因为他们过分重视金钱的本身，很难在输钱时停损，无法在赚钱时持长。如果投资者保持理性的思维和行为，把炒股视为一场游戏，而且一定按照游戏规则去玩，一切都会变得相对容易。

别理会股市每日的短期波动

巴菲特认为：正如人们无须徒劳无功地花费时间担心股票市场的价格，他们也无须担心经济形势。如果你发现自己正在讨论或思考经济是否稳定地增长，或正走向萧条，利率是否会上扬或下跌，或是否有通货膨胀或通货紧缩，慢点，让你自己喘一口气！巴菲特原本就认为经济有通货膨胀的倾向，除此之外，他并不浪费时间或精力去分析经济情势。

巴菲特认为：对于长期投资来说，投资者无须关心经济形势的变化，无须分析经济形势对股票的影响，只要关注这只股票是否具有良好的本质，是否具有投资的价值就足够了。所以，最好的办法是远离股市，不去关心每天股市的行情发展变化。

巴菲特说：一般投资者在买入股票时，总会想象着把某种经济上的假设作为起点，然后想象着经济形势会朝着他所设想的轨迹前行。这是一种近乎完美的"设计"，而他们希望股票买卖能迎合这种"设计"的想法是非常愚蠢的。究其原因有以下两点：首先，没有人具备预测经济形势的能力，同样，对股票市场也无预测能力。其次，如果你选择的股票会在某一特定的经济环境里获益，那你不可避免也会面临变动与投机。不管你是否能正确预知经济形势，你的投资组合将视下一波经济形势，来决定其报酬。

巴菲特较喜欢购买在任何经济形势中都有机会获益的企业。当然，整个经济力量可以影响毛利率，但是整体看来，不管经济是否景气，巴菲特的企业都能够得到不错的收益。在选择并拥有有能力在任何经济环境中获利的企业，更聪明地运用时间是很重要的。而不定期地短期持有股票，只能在正确预测到经济形势变化时，才可以获利。

相反，如果你过分关心经济形势变化，说明你对自己拥有的这只股票缺乏了解或者不够自信。在这种背景下，你的投资就只能属于短期投资，或者干脆就是投机。

很显然，短期持有股票的投机行为，只能在你完全、正确地预测经济走势时才能获利。这种可能性虽然存在，却不多见，因为要预测经济形式的走向是很困难的。

所以，巴菲特在评估一个具体投资项目时，从来不根据宏观因素作决定。例如当他要收购美国一家上市公司时，他根本就不会去考虑美国的 GDP 数据，而只看这家公司本身的性质如何、将来如何发展、管理模式怎样、员工精神状态等方面就足够了。

有意思的是，在巴菲特对目标企业进行评估时，许多公司本身并不清楚它们自己究竟要干什么，也不知道它们自己有很好的管理团队、很好的服务理念。在这种情况下，巴菲特不得不根据每家上市公司的具体情况，设定具体评估项目。

例如，巴菲特在出售中石油 H 股时，是这样对它进行评估的：在国际市场上，评估石油企业价值的最重要指标是油气储量。截至2006 年末，中石油的油气储量仅次于埃克森美孚石油公司，位列全球第二位。不过，中石油的这个数据只是探明储量，受地质条件限制以及部分油气资源开采成本高昂，真正能开采出来的数量远远达不到这么多。

根据中石油公司提供的相关资料，该公司的采收比为 34%。也就是说，真正能够作为中石油股票内在价值依据测算的油气储量应该是公布储量的 34%。

巴菲特认为，"市场先生"是不会犯错误的，他会一步步把股票拉回到理性轨道上来，走上一条自我修正之路，慢慢向股票的内在价值回归。

所以，如果回过头来看一看那些原来嘲笑巴菲特思想"保守"、"过早"抛售中石油 H 股少赚了多少亿的人们，相比之下会发现巴菲特的先见之明。

巴菲特认为，既然是长期投资，就不用去过分关心经济形势如何发展变化。"该出手时就出手"，这才是理性投资的应有之道。

除了不必担心经济形势之外，巴菲特还对股票市场的每日涨跌无动于衷，这一点说起来让人难以置信。

巴菲特解释说："请记得股票市场是狂癫与抑郁症交替发作的场所。有的时候它对未来的期望感到兴奋，而在其他时候，又显出不合理的沮丧。当然，这样的行为创造出了投资机会，特别是杰出企业的股价跌到不合理的低价时。但是，正如你不会相信来自情绪起伏不定的顾问的建议，你也不应该允许股市操纵你的投资行动。股票市场并不是投资顾问，它的存在只是为了帮助你买进或卖出股票罢了。如果你相信股票市场比你更聪明，你可以照着股价指数的引导来投资你的金钱。但是如果你已经做好你的准备工作，并彻底了解你投资的企业，同时坚信自己比股票市场更了解企业，那就拒绝市场的诱惑吧！"

在巴菲特的办公室里并没有股票行情终端机，虽然没有它，巴菲特似乎也能轻易过关。巴菲特认为：如果一个人打算拥有一家杰出企业的股份并长期持有，但又去注意每一日股市的变动是不合逻辑的。最后，他将会惊讶地发现，不去持续注意市场变化，他的投资组合反而变得更有价值。不妨做个测验，试着不要注意市价48小时，不要看着计算机，不要对照报纸，不要听股票市场的摘要报告，不要阅读市场日志。如果在两天之后持股公司的状况仍然不错，试着离开股票市场3天，接着离开一个星期。很快地，他将会相信自己的投资状况仍然健康，而他的公司仍然运作良好，虽然他并未注意它们的股票报价。

"在我们买了股票之后，即使市场休市一两年，我们也不会有任何困扰。"巴菲特说，"对拥有百分之百股权的喜诗或布朗鞋业，我们不需每天注意它们的股价，以确认我们的权益。既然如此，我们是否也需要注意可口可乐的报价呢？我们只拥有它7%的股权。"很显然，巴菲特告诉我们，他不需要市场的报价来确认伯克希尔的普通股投资。对于投资个人，道理是相同的。当我们的注意力转向股票市场，而且在心中的唯一疑问是"有没有人最近做了什么愚蠢的事，让我有机会用不错的价格购买一家好的企业"时，我们或许就已经接近巴菲特的投资水准了。

摆脱思想束缚　做到与众不同

巴菲特的行为总是让很多投资者瞠目结舌，他的眼光非常独到，他的判断非常准确。在股票市场上，他一次次化腐朽为神奇，取得很大的成功。有人不禁要问他究竟为何能够做到如此，巴菲特回答

说："我只是设法在别人贪心的时候保持谨慎恐惧，唯有所有的人都小心谨慎的时候我才会勇往直前。"

这正是一种与众不同的逆向思维，也许正是这种逆向思维造就了他无与伦比的成就。

巴菲特认为，股票价格之所以下跌，是因为投资者总是对股票市场或是某个企业持有怀疑态度。事实证明，这样的态度有时看起来似乎有些多虑，但是我们却因此获得了众多获利的机会，因为这样的态度的直接后果是，提供给我们非常具有吸引力的价格。

在巴菲特的投资生涯中，他很早就能不被股市情绪的力量所左右。在他看来，市场是由投资人组成的，通常情况下，情绪比理性更为强烈，投资人的惧怕和贪婪会使股价在企业的实质价值附近震荡起伏。翻开巴菲特的投资史可以发现，他总是会在别人恐惧的时候大量买进股票。

例如，2008 年，金融海啸席卷全球，许多投资者纷纷逃离股市，但巴菲特在此时出手了。9 月 18 日，巴菲特花了 47 亿美元，买下美国最大电力行销巨头星座能源集团公司若干股权；9 月 21 日，他又动用 10 亿美元购买日本汽车及飞机工具机厂商 Tungaloy 公司 71.5％ 股权；随后又以 50 亿美元购买高盛公司股权；9 月 29 日，伯克希尔—哈撒韦公司旗下附属公司——中美能源以每股港币 8 元的价格认购 2.25 亿股比亚迪公司的股份，约占比亚迪 10％ 的股份比例，本次交易价格总金额约为港币 18 亿元。随后的 10 月 2 日，巴菲特又宣布将收购通用电气（GE）30 亿美元永久性优先股。之后不久，巴菲特再次出动，其持有大量股份的富国银行宣布将以总价151 亿美元的价格收购美联银行。

巴菲特在投资机会到来时绝不会犹豫。

巴菲特从来不会像大多数投资者那样去预测市场的走势，他总是冷静地观察周围发生的一切。当牛市来临，大多数人争先恐后地涌入股市时，此时他却会提高警惕；当熊市来临，大多数人像潮水般退却时，他所要做的事却是勇往直前，抓住买入良机。

1968 年，当时美国股票的交易已经达到了疯狂的地步，日平均成交量达到了 1 000 多万股，比 1967 年的最高记录还要高 30%。股票交易所里挤满了疯狂的投资者，但此时的巴菲特却坐立不安，尽管他买进的股票都在飞涨，但他却发现再很难找到符合他标准的廉价股票了。

1968 年 5 月，当股市一路高歌猛进的时候，巴菲特做了一件非同寻常的决定，宣布解散他的合伙人公司。随后，他逐渐清算了公司几乎所有的股票。他说："我无法适应这种市场环境，同时我也不希望试图去参加一种我不理解的游戏而使自己现在的业绩遭到损害。"

事实证明巴菲特的决定是无比明智的。1969 年 6 月，股市急转直下，渐渐演变成了股灾，到 1970 年 5 月，每种股票都要比上年初下降 50%，甚至更多。

1970 年至 1974 年间，美国股市就像个泄了气的皮球，没有一丝生气，持续的通货膨胀和低增长使美国经济进入了"滞涨"时期。道·琼斯指数从 1 000 点狂跌到 580 点，当时，美国几乎每只股票的市盈率都是个位数，这在华尔街非常少见，没有人想再继续持有股票，所有的股民都在疯狂抛售手中的股票。然而，在市场一片悲叹声中巴菲特却高声欢呼，因为他看到了财源即将滚滚而来——他发现了太多的便宜股票。当时，他在接受《福布斯》的记者访问时说："我觉得我就像一个非常好色的小伙子来到了女儿国。投资的时候到了。"

1972 年，巴菲特开始了他的掠夺之旅。首先，他瞄准了传媒业的巨头《华盛顿邮报》；接着把陷入困境的 GEICO 公司收入囊中；随后他又大量购买了华盛顿电力供应系统的债券；然后他又一鼓作气将美国一家饼干制造公司拿下。巴菲特就这样在大多数人退缩的时候，突然出击，以闪电般的速度席卷了整个华尔街股市。空荡荡的舞台上只有他一个人在舞蹈，尽管略显孤独，但他却兴致勃勃。

这次大肆收购给伯克希尔的股东和巴菲特本人都带来了巨大的收益，也正是由此奠定了巴菲特投资大师的地位。

在巴菲特看来，当人们贪婪或者受到惊吓的时候，时常会以愚蠢的价格买进或卖出股票。但是某些股票的内在价值并不是每天的市场行情，而是取决于企业的经济发展。

巴菲特提醒投资者，投资成功的要点是必须具有良好的企业判断力，和保护自己不受"市场先生"所掀起的狂风所害。

他就从不会因市场价格情况的改变，而停止收购的行为。虽然偏高的市场价格可能使得诱人的交易减少许多，但他还是能够发现吸引他的公司，然后收购它的股票。他曾写过一篇《在股市已经一片繁荣的时候，你将付出很高的价格进场》的文章发表了自己的看法。他认为，未来永远是未知的，对于能力有限的投资者来说，试图预测市场是不明智的行为，因为你永远也不会找到答案。但是我们可以知道的是，当股票市场一片繁荣的时候，要想在那里大赚一笔是非常困难的，因为高昂的价格总有一天会将你的利润抵消。

巴菲特认为，大多数人在股市大幅下跌，都因为恐惧而离开时，许多优秀企业的股票价格都低于其内在价值，这个时候是投资者购买股票的最佳时机。请记住巴菲特一直以来所坚持的投资哲学："在别人贪婪时恐惧，在别人恐惧时贪婪。"

随波逐流只会让你失去成功的机会，因为真理往往掌握在少数人的手里。当大多数人都恐惧的时候也许正是投资的良机。

价值投资才能持续获胜

价值投资一直都是巴菲特投资理念的核心，他始终认为，投资企业最重要的就是要看准企业的内在价值。

巴菲特认为，在决定购买一家企业的股票前，必须要对这家企业的内在价值进行评估，确定自己准备买入的企业股票的内在价值，然后再跟当前股票市场价格进行比较。这就是巴菲特推崇的"价值投资法"。

巴菲特认为，内在价值评估是价值投资的前提、基础和核心。在伯克希尔1992年的年报中，巴菲特说："内在价值尽管模糊难辨却至关重要，它是评估投资和企业的相对吸引力的唯一合理标准。"可以说，如果没有评估企业的真正内在价值，即使是巴菲特也无法确定应该以什么价格购买股票。

价值投资之路并非坦途，其未来其实充满了诸多变数和不确定性，从这一点说，价值投资与其他的投资（投机）路径没有太多的分别。然而，巴菲特最后话锋一转："但是，价值投资给我们提供了走向真正成功的唯一机会。"

这是一个成功者所下的断语，价值投资者在细节上的一切探讨都是以信仰这句话为前提的。

价值的判断恰恰是价值投资的前提、基础和核心。价值投资，简而言之，就是在一家公司的市场价格相对于它的内在价值大打折扣时买入其股份。内在价值在理论上的定义就是一家企业在其余下的寿命史中可以产生的现金的折现值。

但是问题来了，一家企业余下的寿命到底有多长，能产生多少现金，这本身就充满了悬念，以充满了悬念的问题为基础而形成的判断有多大的可信度呢？再有，折现率该如何确定？在不同的时间点不同的投资人会有不同的选择，据以计算的价值必然是失之毫厘，差之千里。如果不能做到精确地价值评估，又怎能知道应该在什么价位购买股票呢？说这是价值投资人最大的困惑所在，当然不为过。

那么，巴菲特是如何评估一家企业的价值呢？在他看来，要想了解一家企业的价值，做许多阅读，分析企业的年度报表并关注它的竞争对手的年度报告，是必不可少的。

很多投资者买进他们认为具有持续竞争优势的企业股票后并没有得到他们所期望的回报，对此他们总是非常疑惑。其实在巴菲特看来，最根本的原因就在于他们没有在买进之前对公司股票的内在价值进行准确评估。

巴菲特认为：没有找到价格与价值的差异，你就无法确定以什么价位买入股票才合适。

尽管如此，巴菲特在选择股票的时候，也总是会把目标锁定在那些价格远低于其内在价值的企业股票上。几十年来，他已经把衡量股票的内在价值作为他评估企业的一项重要标准了。巴菲特对此解释说："虽然内在价值无法精确，但是我们可以确定的是股票的价格总是在围绕价值上下波动，既然如此，那么我们就还是有迹可循的。"

从长期来看，公司股票的市场价值不可能远超其内在价值。当然，技术进步能够改善公司效率并能导致一段时期内价值的飞涨。但是竞争与商业循环的特性决定了公司销售、收入与股票价值之间存在着直接的联系。在大发展时期，由于公司更好地利用了经济规模效益和固定资产设施，收入增长可能超越公司销售增长。在衰退时期，由于固定成本过高，公司收入也会比销售量下降得更快。

但是，在实际操作中，股价似乎远远超过了公司的实际价值或者说预期增长率。实际上，这种现象不可能维持下去。股价与公司价值之间出现的断裂必须得到弥补。

在巴菲特看来，价值与价格的关系是相互影响的，价值决定价格走势的同时，价格也在一定程度上影响着价值的变化。因此巴菲特在对价值和价格进行比较分析时，关注价格是否低于其价值的同时，还要分析价格对于价值的影响。

巴菲特认为，价格对于价值的影响主要是通过公司未来的收益表现出来的。巴菲特建议所有投资者，在打算买进一家公司的股票时，首先要做的是对该公司的内在价值作一个大致的评估，确定一下该公司股票价值的大概区间，然后把这个区间与股票的市场价格进行对比，从中就可以看出股票价值和价格的差异。当这些都确定之后，再以低于股票价值的价格买进，当股票价格超过其价值的时候将其卖出，这样一来，投资者就可以从中获得超额利润。

巴菲特就是一直这样做的，他在确定股票的市场价格远远低于其价值的时候买进公司的股票。巴菲特认为，价格最终会回归其价值，如果投资者利用价格和价值的差异，在价值被低估时买入股票，投资人将会从中获利。

综观巴菲特的所有投资，将股票的内在价值和价格进行比较，一直都是他所坚持的投资原则之一。当然，正是因为他的不懈坚持，使得他能够在众多股票当中发现那些收益率非常高的股票并从中获利，同时他也因为坚持这一原则而躲过了多次股灾。

安全边际——你不得不抱牢的"稻草"

安全边际原则是由巴菲特的老师格雷厄姆最先提出来的一种投资原则。巴菲特曾在他的老师、现代证券分析创始人、人称华尔街教父的格雷厄姆那里学到两条投资规则：第一条——永远不要亏损；第二条——永远不要忘记第一条。

那么，如何才能做到不亏损呢？

格雷厄姆自己给出的答案是："我大胆地将成功投资的秘诀精炼成四个字的座右铭：安全边际。"

作为价值投资的核心概念，如果说安全边际在整个价值投资领域中处于至高无上的地位，并不为过。它的定义非常简单而朴素：实质价值或内在价值与价格的顺差。换一种更通俗的说法，安全边际就是价值与价格相比被低估的程度或幅度。

根据定义，只有当价值被低估的时候才存在安全边际或安全边际为正，当价值与价格相当的时候安全边际为零，而当价值被高估的时候不存在安全边际或安全边际为负。价值投资者只对价值被低估特别是被严重低估的对象感兴趣。安全边际不保证能避免损失，但能保证获利的机会比损失的机会更多。

安全边际原则的核心思想是：投资者通过企业的内在价值估算，比较其内在价值与股票价格之间的差价，当二者之间的差价达到某一程度时（即安全边际），就可选择投资该企业的股票。

格雷厄姆认为，所有投资成功的秘诀，最核心的内容就是要找到安全边际。因为影响股票市场价格和公司经营的因素很复杂，投资者要想对其进行准确的分析是非常困难的。事实上，大多数投资者都会在对股票市场进行分析时出现这样或那样的疏漏。正是由于投资者自身能力的局限性，投资者无法去准确预测投资企业未来的发展情况，所以，安全边际就成了对投资者自身能力的有限性、股票市场波动巨大的不确定性、公司发展的不确定性的一种预防和保险。有了较大的安全边际，就可以确保一旦投资者对于投资企业的价值的预测出现误差、公司的经营暂时出现问题或者公司股票价格长期低于其内在价值时，还能够保住本金，全身而退。

安全边际也是一个模糊的概念，比如仅从定义我们不能确定实质价值或内在价值与价格的顺差达到什么程度才能说安全边际是足够的，可以买入股票。与内在价值一样，对安全边际的理解与应用也仍然是一个需要艺术掌握的东西。

对于格雷厄姆提出的安全边际理论，巴菲特推崇备至，在他看来，老师有三个基本的思想可以作为投资智慧的根本。巴菲特说："我无法设想除了这些观点以外，还有什么思想能够帮助你进行良好的投资。这些思想没有一个是复杂的，也没有一个需要数学才能或者类似的东西，格雷厄姆说你应当把股票看做是企业的许多细小的商业部分。要把市场波动看做你的朋友而非敌人，投资赢利有时来自对朋友的愚忠而不是盲目跟随市场的波动。而且，在《聪明的投资者》一书最后一章中，格雷厄姆说出了关于投资的最为重要的一个词语——'安全边际'。我认为，格雷厄姆的这一思想，从现在起到一百年之后，将会永远成为理性投资的基石。"

巴菲特之所以把安全边际原则视为他最重要的投资策略，其根本原因在于他对投资风险的理解。大多数投资者认为风险是股票或者股票投资组合、股票价格水平的相对波动性。但巴菲特认为，风险就是损失或损害的可能性，而从股票市场价格的历史相对波动性中是无法判断投资股票的风险的。只要投资者集中投资于自己非常有把握的几个优秀的公司，那么安全边际就会帮助你将风险降低到最小。

巴菲特指出："我们的股票投资策略持续有效的前提是，我们可以以具有吸引力的价格买到有吸引力的股票。对投资人来说，买入一家优秀公司的股票时支付过高的价格，将抵消这家绩优企业未来十年所创造的价值。"这就是说，忽视安全边际，即使买入优秀企业的股票，也会因买价过高而难以赢利。

可以说，安全边际在理念上与传统的"富贵险中求"投资观念是截然相反的。它告诉你：如果你想要发达，你一定不要冒风险。在每次做投资决策或投资活动中，我们一定是希望我们的风险降到最小，同时希望每次投资活动都能取得收益的最大化。

如果想要的安全边际迟迟不来怎么办呢？那么只有两个字：等待。在我们一生的投资过程中，我们不希望也不需要每天都去做交易，很多时候我们需要手持现金，耐心等待，由于市场交易群体的无理性，在不确定的时间段内，比如三至五年的周期里，总会等到一个完美的高安全边际的时刻，换句话说，市场的无效性总会带来价值低估的机会，那么这个时候就是你出手的时候。就如非洲草原的狮子，它在没有猎物的时候更多的是在草丛中慢慢地等，很有耐心地观察周围的情况，直到猎物进入伏击范围才迅疾出击。如果你的投资组合里累计了很多次这样的投资，从长期看，你一定会得到远远超出市场回报的机会。所以安全边际的核心就在于把握风险和收益的关系。

从防御角度说，对安全边际的掌握更多是一种生存的艺术。投资如行军打仗，首先确保不被敌人消灭掉是作战的第一要素，否则一切都将无从谈起。这一点在牛市氛围中，在泡沫化严重的市场里，显得尤为重要。

安全边际并不是孤立的，它是以"内在价值"为基础的，在"内在价值"的计算中，预期收益率是最有弹性的参数，预期收益率的上升和安全边际的扩大都趋向了一个结果，那就是相对低的买入价格。而就操作的层面而言，阶段性的仓位比例控制也可以视为运用安全边际的辅佐手段。

在巴菲特看来安全边际来自于低价买进。必须指出的是这个低价是相对于实际价值来说的。他建议所有投资者，如果发现一家公司的股票价格远远低于其实际价值时，要果断买进，这样就会使自己获取一个可靠的安全边际，在确保本金安全的同时，还可以大赚一笔。

在巴菲特几十年的投资生涯中，他始终遵循安全边际的投资理念，这也是他始终屹立不倒的最根本原因。

怎样找到真正的好企业

巴菲特按照自己的理论把企业分为两大类：一类是一般商品型企业，一类是特殊商品型企业。一般商品指消费者总是能买得到的商品，如土豆、牙膏、面巾纸之类。如果商品的价格提高，更多的商品就会被生产出来，商品一多，价格就下跌，商品的高价格会不断吸引竞争者制造商品，直到无利可图为止。而特殊商品则是指独此一家生产的产品，他人没有能力竞争，大城市的日报（报纸作为一种商品）就是最好的例子。巴菲特青睐的正是这类特殊商品型企业。

根据巴菲特的说法，经济市场是由一小群有特许权的团体和一个较大的商品型企业团体所组成，较大的商品型企业团体中的大多数是不值得投资的。他将小部分特殊商品看成是有稳定的消费需求、无近似替代性产品的商品。

一般情形是，特殊商品型企业即使在竞争激烈的情况下，也能保持商品的价格。这使得它们可以获得较高的资本投资回报率。而大多商品型企业所提供的商品多半大同小异，竞争者之间也没有太大的差别。尽管有庞大的广告预算，要有效地区别这些产品的差异仍然极为困难。

　　在美国国内大约有 1 700 份报纸，其中将近 1 600 份没有直接的竞争对手。巴菲特注意到，那些报纸的业主觉得他们每年之所以能赚得超乎预期的利润，是因为他们的报纸具有一定的新闻品质，而事实并非如此。巴菲特说，事实上就算是三流的报纸，如果它是城镇里唯一的报纸，也能赚到足够的利润。不可否认，一份高品质的报纸会有较大的市场渗透力。但他解释说，即使是一份平凡的报纸，由于它可以将消息广为流传，所以对大众也是很重要的。城镇里的每个企业、每个房屋卖主或任何一个人，只要想将信息让大众知道，都需要报纸的宣传来达到目的。巴菲特相信拥有一份报纸，就好像从城镇里每一个想制作报纸广告的企业中，独占刊登广告权一样。

　　除了一些独占特性外，报纸也有很高的经济商誉价值。如同巴菲特指出的，发行报纸所需要的资本很少，所以能轻易地将销售量转成利润。即使报社增添昂贵的印刷机，或编辑部增添电子系统，支出的费用也能很快地借固定工资成本的减少而补偿回来。报纸也比较容易提高售价，因此，能从投下的资本上产生高于一般企业的报酬，以减少通货膨胀造成的伤害。根据巴菲特的判断，一家典型的报社可以将它报纸的售价加倍，而仍然保有百分之九十的读者，就像《今日美国》一样。

　　一般来说，商品型企业的回报率都不高，而且"最有可能是获利不易的企业"。既然产品基本上没有什么不同，他们只能在价格上互相较量。除此之外，也只有在商品供应紧缩的时候能够赚钱。巴菲特指出，决定商品型企业长期获利能力的关键，是供应紧缩年数和供应充足年数的比值。然而，这个比值通常都很小。巴菲特开玩笑地说，伯克希尔纺织部门的最近一个供应紧缩时期，总共只持续了"那天早晨最美好的一段时光"。

　　在巴菲特看来，大多数企业是不值得投资的，因为它们的股价一般都很贵，但少数优秀的企业股票有时却会很便宜。

在巴菲特眼中，一个优秀的投资对象，应该具备以下的特征：企业有特殊商品性质，产品成本上涨后能提高售价而不至于失去客户；企业经理人对本行的热爱几乎到了狂热的程度；企业的业务不宜过于复杂，难于管理，以致限制了管理人员选择的范围；利润不应是账面数字，而是现金利润；企业的投资收益率高；企业股价低，债务低；决不卷入有问题和潜在危机的企业。优良的企业也有股价便宜的时候，这时你投资下去要比购买有问题的企业再加整顿获利多。

总体而言，巴菲特选择企业的原则是：他投资的公司的经营状况从"佳到最佳"，它们的 CEO 从"最佳到更佳"。他将这两点视做"购入策略"。同时，收购价也要合理，每年税前回报在 10% 以上。买入之后，他没有"沽出策略"，既不会高价抛售，更不会分拆套现，这使不少有意出售股权、引入战略投资者的企业均将巴菲特作为优先考虑的对象。

就此，巴菲特在选择企业这个问题上对投资者提出如下建议：不要投资仍有很多未处理的"股票认股权证"的公司，同时避开对退休计划花样太多的企业，因为这些都有可能是会计账目做手脚的地方；如果会计账目上出现较多模棱两可的"附注"，这很可能是 CEO 有"不可告人的秘密"。这类企业要避而远之，因为"魔鬼往往在细节之中"；对赢利前景作太乐观预测的公司同样不可信。

请看下面的事实：

巴菲特预言技术网络泡沫将破裂。曾几何时，就在"新经济"

高科技公司如日中天的时候，巴菲特却建议投资者去购买"旧经济"的股票，而他自己更是把钱大量地投入到别人认为没有前途的零售、制造、服务行业。"巴菲特神话"因此也曾一度遭到很多人的嘲讽和质疑。

但事实却是：技术网络泡沫真的破裂了。这让人们再度想起了巴菲特的警告——互联网是一个巨大的"投资陷阱"。曾经嘲笑巴菲特跟不上时代潮流的人只能眼睁睁地看着手中的股票变得一文不值，而巴菲特却依然拥有三百多亿美元的个人资产，一跃成为世界第二富翁。

那年的美国股票犹如在做自由落体运动——股市财富一下减少了将近五万亿美元（相当于美国国内生产总值的一半），许多华尔街的投资商身价一落千丈，华尔街一片崩溃与绝望之声。但始终坚持投资在保险、零售等旧经济公司的巴菲特所控制的伯克希尔—哈撒韦公司却逆势而上，在股市大跌中，大赚 33 亿美元，一年之中利润增加了 3 倍。

巴菲特是一个长期投资家，他的爱好就是寻找可靠的股票，并且把它们尽可能便宜地买进，尽可能长久地保存，然后坐看它们的价格一天天地增长。而他给投资者们的忠告是："人们总是会像灰姑娘一样，明明知道午夜来临的时候，香车和侍者都会变成南瓜和老鼠，但他们也不愿错过盛大的舞会。他们在那里待得太久了。人们现在应该了解一些古老的教训：第一，华尔街贩卖的东西是鱼龙混杂的；第二，投机看上去最容易的时候也是最危险的时候。"

不熟的不买，不懂的不做

正是因为巴菲特追求稳定，所以他提出了著名的能力圈原则（核心思想可以概括为：不熟的不买，不懂的不做）；正是因为巴菲特追求稳定，多年来他对科技企业避之唯

恐不及，成功地避开了 1999 年网络股泡沫等一系列投资陷阱。直到有一天，他发现有些科技企业也值得投资。

巴菲特曾说他对分析科技公司并不在行。1998 年，股市正处于对高科技尤其是网络公司股票的狂热中，在伯克希尔公司股东大会上，他被问及是否考虑过在未来的某个时候投资于科技公司。他回答说："这也许很不幸，但答案是不。我很崇拜安迪·格鲁夫和比尔·盖茨，我也希望能通过投资于他们将这种崇拜转化为行动。但当涉及英特尔和微软股票，我不知道 10 年后世界会是什么样子。我不想玩这种别人拥有优势的游戏。我可以用所有的时间思考下一年的科技发展，但不会成为分析这类企业的专家，第 100 位、第 1 000 位、第 10 000 位专家都轮不上我。许多人都会分析科技公司，但我不行。"

巴菲特的这种观点得到查理·芒格的响应。他说："我们没有涉

及高科技企业，是因为我们缺乏涉及这个领域的能力。传统行业股票的优势在于我们很了解它们，而其他股票我们不了解，所以，我们宁愿与那些我们了解的公司打交道。我们为什么要在那些我们没有优势而只有劣势的领域进行竞争游戏，而不在我们有明显优势的领域施展本领呢？"

巴菲特说："我们的原理如果应用到科技股票上，也会有效，但我们不知道该如何去做。如果我们损失了你的钱，我们会在下一年挣回来，并向你解释我们如何做到了这一点。我确信比尔·盖茨也在应用同样的原理。他理解科技的方式与我理解可口可乐公司与吉列公司的方式一样。我相信他也寻找一个安全边际。我相信，他获得安全边际的方式就像他拥有整个企业而不仅是一些股票。所以，我们的原理对于任何高科技企业都是有效的，只不过我们本身不是能够把原理应用到这些高科技企业的人而已。如果我们在自己画的能力圈里找不到能够做的事，我们将会选择等待，而不是扩大我们的能力圈。"

巴菲特避开科技企业还有一个原因是，很难预测这些变化很快的高技术领域或新兴行业的未来发展。

"当然有许多产业，连查理或是我可能都无法确定到底这些公司的业务是'宠物石头'还是'芭比娃娃'。甚至即使我们花了许多年时间努力研究这些产业之后，我们还是无法解决这个问题。有时是由于我们本身智力和学识上的缺陷，阻碍了我们对事情的了解，有时则是产业的特性本身就是很大的障碍。例如，对于一家随时都必须应对快速技术变迁的公司来说，根本就无法判断其长期的经济前景。在 30 年前，我们能预见到现在电视机制造产业或电脑产业的变化吗？当然不能，就算是大部分热衷于进入这些产业的投资人和企业经理人也不能。那么为什么查理和我非得认为我们能够预测其他快速变迁产业的发展前景呢？我们宁愿专注于那些容易预测的产业。在快速变化的产业中预测一个企业的长期经济前景远远超出了我们的能力圈边界。如果其他人声称拥有高科技产业中的公司经济前景预测技巧，我们既不会嫉妒也不会模仿他们。相反，我们只是固守于我们所能了解的行业。如果我们偏离这些行业，我们一定是不小心走神了，而决不会是因为我们急躁不安而用幻想代替了理智。幸运的是，几乎可以百分之百地确定，伯克希尔公司总有机会在我们已经画出的能力圈内做得很好。"

巴菲特说："我可以理性地预测投资可口可乐公司的现金流量。但是谁能够准确预测 10 大网络公司，未来 25 年里的现金流量呢？如果你说你不能准确预测，你就不可能知道这些网络公司的价值，那么你就是在瞎猜而不是在投资。对于网络企业，我知道自己不太了解，一旦我们不能了解，我们就不会随便投资。显然，许多在高技术领域或新兴行业的公司，按百分比计算的成长性会比注定必然如此的公司要发展得快得多。但是，我宁愿得到一个可以确定会实现的好结果，也不愿意追求一个只是有可能会实现的伟大结果。"

1999 年，巴菲特终于决定向第一数据公司投资。巴菲特投资第一数据公司的原因是什么呢？第一数据公司位于亚特兰大，提供信用卡发卡者支付处理服务，同时是电子商务在线交易系统的主要提供者。该公司现在正努力把信用卡支付技术推广到在线交易，一直和雅虎、戴尔等著名高科技公司来往。目前已经有很大的销售额和利润，去年净收入为 4.6 亿美元，这在目前大部分亏本运作的互联网公司中是很少见的。

由此看出，巴菲特投资第一数据公司并非单纯因为它是属于网络股，更重要原因是第一数据公司已具备了能长期维持竞争优势和赢利的能力，符合巴菲特的传统投资理念。从更深层次看，巴菲特涉足网络股，还意味着他已经认同新经济时代的来临，并认同新经济时代所产生的新兴行业开始步入收获期，已经值得投资。

长期投资借助复利的威力

巴菲特的股票投资的收益率虽然很高，但平均投资回报率也只有26.5%。许多熟悉股票投资的朋友都知道一个"10年10倍"的故事：每年只需要赢利25.892 54%，资金每3年就可以翻1番、每10年就可以增长10倍。如果有10万元本金，在30年后将成为1亿元。创造这种奇迹的就是被爱因斯坦称为世界第八大奇迹的"复利"。

其实，所谓的复利，简单说就是利滚利、钱滚钱的意思。

例如：每年投资1万元在年报酬率10%的投资，第一年的本利和就是11 000元，而第二年的投资本金就是1万元再加上第一年的11 000元，也就是将第一年的获利1 000元并入本金继续投资，因此第二年的本利和就是23 100元，第三年再以33 100元继续投资，如此周而复始，20 年后本利和将达 63 万元，以本金总和 20 万元来看，20 年间的投资报酬率逾 200%，与最初每年投资报酬率 10%（单利）相较，复利的威力由此可见。

而根据该公式的演算模式，若以每年投资 14 000 元，投资报酬率提升 20%、投资年限拉长至 40 年来计算，则本金总和 56 万元在 40 年后竟可变成 1 亿元，显示复利效果在时间拉长及投资报酬率提高的情况下，其财富膨胀的效果更为明显。

只要有一定收益率的股票，再配合时间累积，都会有所谓的复利效果。因此评估复利效果的关键不在于理财工具本身，而是在于投资报酬率高低及时间长短，也就是说只要是具有投资报酬率的理财工具，加计投资的时间后，都可以产生复利效果。

要了解巴菲特，复利的累进概念是极其重要的。这个概念很容易理解，但是因为某些奇怪的理由，在投资理论中这个概念的重要性却被轻描淡写。巴菲特认为，复利累进理论是至高无上的。

1962 年，在巴菲特合伙公司的年报中，巴菲特推算了西班牙女王如果不支持哥伦布航海而将 3 万美元以复利进行投资的话，其收益将高达 2 万亿美元，这个结果让我们对复利的力量大吃一惊，他这样说："根据不完全资料，我估算伊莎贝拉最初给哥伦布的财政资助大约为 3 万美元。这是确保探险成功所需资金的合理的最低数量。不考虑发现新大陆所带来的精神上的成就感，需要指出的是，整个事件所带来的后果并不是另一个 IBM。粗略估计，最初投资的 3 万美元以每年 4% 的复利计算，到现在（1962 年）价值将达到 2 万亿美元。"

在长期投资中，没有任何因素比时间更具有影响力。随着时间的延续，复利将发挥巨大的作用，为投资者实现巨额的税后收益。

　　复利的力量得于两个因素：时间的长短和回报率的高低。两个因素的不同使复利带来的价值增值有很大不同：时间的长短将对最终的价值数量产生巨大的影响，时间越长，复利产生的价值增值越多；回报率对最终的价值数量有巨大的杠杆作用，回报率的微小差异将使长期价值产生巨大的差异。

　　巴菲特认为投资最大的收益是"时间复利"。1989 年，巴菲特认为可口可乐公司的股票价格被低估，因此他将伯克希尔公司 25% 的资金投入至可口可乐股票中，并从那时起一直持有至今，该项投资从最初的 10 亿美元飙升到 2007 年的 80 亿美元。1965－2006 年的 42 年间，巴菲特旗下的伯克希尔公司年均增长率为 21.4%，累计增长 361 156%，同期标准普尔 500 指数成分股公司的年均增长率仅有 10.4%，累计增幅为 6 479%。仅此一项，举世罕见。

　　富兰克林说："……复利这块神奇的石头能够把铅变成金子……记住，金钱是会增值的，钱能生钱，钱能生更多的钱。"

　　巴菲特的每项投资所要寻求的是最大的年复利税后回报率，他认为，借助复利的累计才是真正获得财富的秘诀。

　　巴菲特的长期投资经验告诉我们，长期持有具有持续竞争优势的企业股票，将给价值投资者带来巨大的财富。其关键在于投资者未兑现的企业股票收益通过复利产生了巨大的长期增值。

　　投资具有长期持续竞争优势的卓越企业，投资者所需要做的只是长期持有，耐心等待股价随着公司成长而上涨。具有持续竞争优势的企业具有超额价值创造能力，其内在价值将持续稳定地增加，相应的，其股价也将逐步上升。最终，复利的力量将为投资者带来巨大的财富。

把鸡蛋集中在一个篮子里

　　许多投资者常常采用多元化投资以降低风险。巴菲特对此表示反对。巴菲特认为，多元化是针对无知的一种保护。对于那些知道他们正在做什么的人，多元化毫无意义。

　　巴菲特明确地表明了自己的选股态度："我不会同时投资50种或70种企业，那是诺亚方舟式的传统投资法，最后你会像开了一家动物园。我喜欢以适当的资金规模集中投资于少数几家企业。"

　　《福布斯》的专栏作家马克·赫尔伯特根据有关数据进行的分析表明：如果从巴菲特的所有投资中剔除最好的15项股票投资，其长期表现将流于平庸。巴菲特将自己集中投资的股票限制在10只左右，对于一般投资者集中投资股票的家数建议最多20只。事实上，巴菲特集中投资的股票常常只有5只左右。

　　巴菲特采取集中投资的策略，这种策略就是：只投资在少数他非常了解的企业的股票上，且打算长期持有。巴菲特降低投资风险的策略就是小心谨慎地把资金分配在想要投资的股票上。巴菲特常说，如果一个人在一生中，被限定只能作出十次投资的决策，那么出错的次数一定比较少，因为此时投资者更会审慎地考虑各项投资，才作出决策。

那么，巴菲特是如何选择股票并进行投资的呢？具体地说，巴菲特集中投资的核心思想有以下内容：

1. 首先找出风险较小、收益较大的杰出公司。

经过多年来的长期的实际运作，巴菲特形成了一套他自己选择可投资公司的战略，他对公司的选择是基于一个普通的常识：如果一家公司经营有方，管理者智慧超群，它的内在价值将会逐步显示在它的股价上。巴菲特将自己的大部分精力都用于分析潜在企业的经济状况以及评估它的管理状况上，而不是用于跟踪股价。

他将会选择长期业绩超群且管理层稳定的公司。这些公司在过去的稳定中求胜，在将来也会产生高额收益。这就是集中投资的核心：将投资集中在产生高于平均业绩概率最高的几家公司上。

2. 巴菲特对传统多元化的弊端的分析。

巴菲特说，如果你对投资略知一二并能了解企业的经营状况，那么选5～10家价格合理且具长期竞争优势的公司就足够了。传统意义上的多元化投资（广义上的活跃有价证券投资）对你就毫无意义了。

传统的多元化投资的弊端有多少，我们并不能一一罗列出，但可以肯定的一点是投资者如果选择传统的多元化投资方式就极有可能买入一些他一无所知的股票。"对投资略知一二"的投资者，最好应用巴菲特的原理，将注意力集中在几家公司上。而对于坚持集中投资哲学的投资者来说，这个数量应更少些。对于一般投资者来说，合理的数量应在10～15家。

3．下大财注于成功概率高的事件上。

巴菲特说，对你所做的每一笔投资，你都应当有勇气和信心将你净资产的10%以上投入此股。

现在我们应该明白为什么巴菲特说理想的投资组合应不超过10个股了吧。而集中投资并不是找出10家好股然后将股本平摊在上面这么简单的事。尽管在集中投资中所有的股都是高概率事件股，但总有些股不可避免地高于其他股，这就需要按比例分配投资股本。

4．集中投资以降低资金周转率。

集中投资的策略是与广泛多元化、高周转率战略格格不入的。在所有活跃的炒股战略中，只有集中投资最有机会在长时间里获得超出一般指数的业绩。但它需要投资者耐心持股，哪怕其他战略似乎已经超前也要如此。从短期角度来看，利率的变化、通货膨胀、对公司收益的预期都会影响股价。但随着时间跨度的加长，持股企业的经济效益趋势才是最终控制股价的因素。

5．集中投资利于投资者顶住价格波动的压力。

传统的活跃证券投资中，使用广泛的多元化组合会使个体股价波动产生的效果平均化。活跃投资证券商们心里非常清楚，当投资者打开月度报表，看到白纸黑字清清楚楚地写着他们所持的股跌了时会有怎样的反应。甚至连那些懂行的人，明知股票的下跌是正常交易的一部分，但他们有时仍会对此反应强烈，甚至惊慌失措。

但是，如果投资者持股越多越杂，单股波动就越难在月度报表中显示出来。多元化持股对许多投资者的确是一剂镇静剂，它起到稳定由个股波动产生的情绪波动的作用。但平缓的旅程亦是平淡的旅程，当以躲避不愉快为由，将股票的升跌趋于平均的时候，投资者所获得的只能是平均回报。

综观股市投资成功的人，都有一个共同特点：那就是比较善于精心选股、集中投资。股票投资应该像管自己的孩子一样精心，而不是像开了一个动物园，五花八门又让自己分身乏术，无暇悉心照顾它们其中的任何一个。很少有分散投资能带来辉煌收益的。这一点对于中小投资者来说极为重要。巴菲特将集中投资的精髓简要地概括为："选择少数几种可以在长期拉锯战中产生高于平均收益的股票，将你的大部分资本集中在这些股票上，不管股市短期跌升，坚持持股，稳中取胜。"

可乘之机：市场的不理性

如果你能够像巴菲特那样找到 20 多家常年"现金"回报率超过20%的公司，不管我们是不是巴菲特，我们手上的这些公司股票的回报率，也就等于这些公司的长远"现金"投资回报率。

但事实并非如此。市场是会闹情绪的。每一只股票的价格，都会因市场的情绪而波动。这个波动并不是跟着公司的企业现金获利潜能而上下浮动的。

巴菲特认为，股票市场的非理性没什么可怕；恰恰相反，只有非理性的市场才有机可乘。从这一点上看，股市不理性是好事，关键是你自己要能理性对待。

当然，面对这样的非理性股市，投资者要作出理性而正确的决策是非常困难的，这就是股市不容易把握的主要原因。

巴菲特认为，"市场先生"应当是你的"仆人"而不是"向导"，所以你要利用它，而不是被它利用。在股市中闯荡多年后，你迟早会发现对你有用的是它的钱包。因为你的目的是能从它身上赚到钱，而不是和它比智慧。要知道，如果你和它斗智慧是斗不过它的。

对投资者很重要的一点是，要具备良好的判断力和控制力，与"市场先生"保持一定距离。这又是为什么呢？因为"市场先生"报出的股价，总是围绕着其内在价值忽高忽低。无论你想买股票还是卖股票，当它报出的股价符合你的愿望时，你就好好利用它；否则，你就根本不用理睬它。总之一句话，你应当利用它，而不是被它控制。

巴菲特也曾多次强调，他买入一只个股之后，完全不担心这只个股有没有人在买卖。即使买入股票之后，市场关闭长达 10 年不能买卖这只股票，他也不会忧心。他始终都信奉恩师格雷厄姆的名言："就短期而言，股市是个情绪化的投票机器，但就长期而言，它却是个准确无比的天平。"对巴菲特来说，股市是反映宇宙间所有已知和未知因素的指标。就像天气那样，准确无误地预测是不可能的，最好就是作好准备，任何情况都能应付自如。

许多投资者很不喜欢拥有那些股价已经下跌很久的股票，却热衷那些一路上涨的股票，但结果却往往是高价买进低价卖出。而巴菲特的实战经历却总表现出另辟蹊径的勇气。

格雷厄姆也认为，股市特别偏爱这样的投资者：他们喜欢把资金投于估值过低的股票。

他认为，股市中任何时候都存在着估值过低的股票，而且数量还不少。这些股票的投资业绩由于长期不能让投资者满意，因而被投资者所忽略。不过，在经过相当长的一个时期后，它们总会被市场把价格抬高到与其价值相符的水平线的。所以，如果投资者具有长远眼光，就会从这些股价长期低迷的股票中找到投资机会。

要想击败市场，第一个条件当然就是不要受市场情绪的影响。而不受市场情绪的影响，首要条件就是为自己确定一些选股的准则。

巴菲特对投资者的非理性行为有着深刻认识。他说，事实上，每个人都充满了贪婪、恐惧、愚蠢的念头，这是很正常的，也是可以理解的。而贪婪、恐惧、愚蠢的念头能导致什么样的结果，却是不可想象的。

所以，1998年9月16日，他在伯克希尔公司股东特别会议上幽默地说："我们希望股票市场上傻子越多越好。为什么呢？因为这样的傻子越多，就会出现更多的非理性投资；而这时候，我们这些理性的投资者反而会捕捉到更多的有利机会。"

巴菲特就是这样一个理性的独辟蹊径者，他极善于把握投资机遇。他看好的投资往往会令其他投资者深感疑惑。但结果却总是证明巴菲特另辟蹊径的投资策略是有道理的。他的价值取向就在于他与众不同的投资思维模式，加上理性地看待市场。

必须能够控制自己的贪念

贪婪是人性的弱点之一，所以，当大多数人面对巨大的利益诱惑时，常常会失去理智，总希望抓住一切机会，最大化地赚取利润。在巴菲特看来，贪婪是投资者最大的敌人。许多投资者血本无归，都是由于太过贪婪。

投资者最大的心理敌人就是贪，由于贪念过重，想一夜暴富，许多投资者在决策和操作上如同赌博，急于下注，却从不进行冷静而科学的分析。有投资就有风险，这是投资的基本规律，即使把钱存到银行也不能说没有任何风险，不同的只是风险高低而已。高收益的投资往往伴随着较高的风险，这一点也是投资的规律。

巴菲特午餐历年中标金额

投资者贪婪的后果就是这种不理性的贪婪行为给投资者带来很大的损失，甚至是血本无归。巴菲特认为，太贪婪的人根本不具备投资者的基本素质。

但事实上，贪婪的人往往只看到收益，对收益背后的风险却视而不见。这样一来，投资失败也就是早晚的事情。

当然，赚钱是投资者进入股市的唯一目的，这说明每个人都贪，但贪也要有度，投资者要能控制自己的贪念，如果一味地胡贪、乱贪，那么市场最终会毫不留情。有的投资者确实在投资市场上大捞了一把，但由于不懂得及时退出，对利润的无止境的追求使得他最终还是亏损；更有甚者，其贪念随赢利的增多而不断高涨，以致高位套牢，终究一无所获。巴菲特的"不贪"心态使他避免了不少损失。

例如，20世纪60年代，美国的股票市场牛气冲天，面对巨大的诱惑，许多投资者失去了理智，疯狂地买卖股票。当时的股票交易所里人山人海，大量的买卖单据使股票交易所里的工作人员忙得喘不过气来。而此时的巴菲特并没有失去理智，他在手中股票涨了20%的时候就非常冷静地悉数全抛，后来，股票市场出现大幅下跌，不少投资者遭受了巨大的损失，甚至倾家荡产。而巴菲特却安然无恙，其原因就是在别人都在巨大的利益面前变得贪婪时，他保持了冷静与理智，从而在这场大股灾中幸存了下来。

巴菲特认为，在股票市场上，只有走过贪婪的误区，才有可能在风云变幻的股市里立足。那些走入贪婪误区的投资者，可以从以下几个方面加以矫正。

1. 控制自己，明白盈亏是正常现象。投资者要明白，在股票市场上赢利与亏损都是正常的。因为社会上的诸多客观因素（包括远期的和近期的）都影响甚至决定着股市走向。一个完整的股市中总是牛市与熊市相互移位，就像海水一样潮起潮落。支配着投资者行为的动机千奇百怪：有做多头的，期望股市永远上涨；有做空头的，期望股市常有下跌。在上涨和下跌的各个不同的价位上，投资者的行情预期偏好都不相同，于是多头交易与空头交易不断地变换角色。不管在股票价格不断上升还是不断下降的大趋势下，投资者始终要有对股价的不同看法。这个过程就像接力赛一样，只要在股价下跌或上涨之前的一段时间里接过接力棒，才能赚钱。因此，牛市与熊市对做多头的和做空头的投资者来说，都可以赚钱获利，关键是要抑制自己的贪婪心态。

2. 制定一个赢利或亏损的合理目标。在作出投资决策、制订投资计划之前要给自己设定一个比较具体的赢利目标，因为这些决策及计划都为赢利目标服务。同样，也应为自己定下一个能够接受的亏损指标，一旦形成这个亏损局面也不至于太懊悔。当然，赢利目标不要定得过高，而亏损的下限也不要设得太低。只有做到这些，投资结果不论是赢是亏，都不会伤筋动骨，保住本金就保住了希望。

3. 随时准备应付各种可能出现的结果。投资者进入股市的主要目的就是通过自己的投资行为来赚钱，所以在实际操作过程中总是希望自己能够做得更好些，赚得更多些。这种心理是正常的。但无休止的追求利润不但可能使投资者失掉宝贵的交易机会，甚至有可能使投资者遭受巨大损失。因此，老练的股民随时都能应付各种可能出现的结果，这是因为他们在进行每一笔买卖之前都自觉地调整了心态。

4. 多思考问题，不要总考虑对自己有利的方面。按照规律来看，一旦股市上出现紧急情况，就是投资者最容易出现贪念的时候。此时，多数投资者都相信赚钱的机会到了，根本无暇去思考信息来源的真伪、客观条件的短暂与持久，因而也就不可能对整个情况作出正确的评估。所以，只有多花时间思考，提出疑问，并消除心中的贪婪，才能作出最佳决策。

5. 必须客观地看待问题。一句古诗说得好，"不识庐山真面目，只缘身在此山中"。因此，在看待问题时，可把自己放在一个旁观者的位置，考虑一下别人遇到这种问题时，作为旁观者应怎样想出对策，以便使问题得到更好的解决。这样的假设可以帮助自己进行理性的思考和分析，以判断自己的想法是否正确。客观看待问题就不会心理失衡，可以避免让贪婪的心态支配自己。

6. 对未来的走势作出合理预测。当多数人都认为股价会上涨或下跌时，要找出可能导致不同结果的各种因素，这也许要耗费很大的精力。但只有对可能发生的结果，以及导致这种结果的因素进行思考，作出预测，才能克制心中的贪念。

拒绝贪婪是巴菲特所具有的投资心态之一，也是巴菲特应对股市风险的有效方法。克服自己的心魔——贪婪，像巴菲特一样理智地投资，只有这样才能成为股市的赢利者。

巴菲特分期建仓的策略

巴菲特认为，股市下跌过程中的分期建仓没有最低，只有更低。分期建仓并不讲究是否到了一个最低点位，它首先是一种策略。

巴菲特在伯克希尔公司 1996 年年报致股东的

一封信中这样说过："像可口可乐与吉列这类公司，应该可以被归类为'永恒地持股'。分析师对于这些公司在未来一二十年饮料或刮胡刀市场的预测可能会有些不同，而我们所说的"永恒"也并不意味这些公司可以不必继续贯彻在制造、营销、包装与产品创新上的努力，而是说即使是最没有概念的观察家或者其最主要的竞争对手，也不得不承认，可口可乐与吉列在终其一生的投资生涯中，仍将在各自领域中独领风骚，甚至它们的优势还有可能会继续增强。过去的时间里，两家公司原有的极大市场占有率又扩大了许多，而所有迹象显示，在以后的 10 年间，它们还会继续以此态势扩大版图。"

巴菲特的言外之意是说，类似于可口可乐和吉列公司这样的股票，投资者可以"永恒持股"，每次股价下跌都可以分期建仓，什么时候买入都是正确的。

在 2008 年抄底金融海啸的过程中，巴菲特并没有找到类似于可口可乐公司、吉列公司这样的股票，但他以另一种方式，即投资优先股的方式，在高盛集团、通用电气公司的股票身上变相达到了他所期待的效果。

2008 年 9 月 23 日，美国第一大投资银行高盛集团宣布，伯克希尔公司投资 50 亿美元购买了该公司的优先股。

受金融海啸影响，当时的高盛集团正在从美国最大的投资银行蜕变为第四大商业银行（按资产计），所以在此基础上，还需要通过公开发行普通股融资 25 亿美元。这样，高盛集团的融资总额达到 75 亿美元。

巴菲特在这里投资的 50 亿美元高盛集团公司股票，以及接下来在 2008 年 10 月 1 日投资通用电气公司的 30 亿美元股票，都是永续优先股，两种永续优先股的年股息率都是 10%。

如果我们看到巴菲特在分期建仓过程中所买的这些股票价格下跌后就嘲笑他被套了，那就未免不懂其中的奥妙了。因为优先股和普通股是完全不同的两种投资对象，简单地从股价来判断是否被套，可以说完全搞错了概念。

只需换个角度看问题，就可以很清楚：巴菲特根本不看这两只股票的价格下跌到什么地步，只要这两家公司不破产，而他选择永远持股，那么他每年都能获得 10% 的利息。这时，股价越是下跌，这 10% 的年利息相对来说就越高。

再者，如果这两家公司将来真的破产倒闭，优先股在公司清盘时，在资产清算分配顺序上还要比普通股高（当然，比公司债券要低）。从这一点上看，一旦公司破产倒闭，优先股的投资风险比普通股要小得多。

退一步说，目前上市公司发行的债券年利率也不到10%，从这个角度看，说巴菲特投资这样的股票是"包赚不赔"也不为过。

巴菲特认为，股市下跌过程中的分期建仓没有最低，只有更低。所以分期建仓时仓位不宜太重，并且要时刻保持手里有足够的现金。

如果仅从短期看，巴菲特买入高盛集团、通用电气公司、比亚迪公司等的股票，确实是被套了，可是这又有什么关系呢？这时候认真看一看巴菲特的投资思路，就能够从中得到诸多启发。

当时的宏观背景是，在美国，个人消费在美国经济中所占比重超过2/3。受金融海啸影响，美国人的个人消费水平大大下降，而且下降速度惊人。为此，原美国财政部长亨利·保尔森于2008年11月明确表示，这种现状迫使政府不得不停止收购银行不良资产，而把金融救援重点转向教育、住房等非银行消费领域。

受此影响，高盛集团、摩根士丹利等金融类股票价格立即跳水，从而连带巴菲特在每股100美元以上买入的高盛集团股票，价格也跌到每股70美元以下。

可以说，这时候的巴菲特买入股票后被套是必然的。不只是巴菲特，这种行情下，任何人买入股票都只能被套，这一切都不奇怪，因为市场走势只有一个，那就是向下。可是这种暂时被套，对做长期投资的巴菲特来说一点都不用紧张，因为这样的事他经历多了。

巴菲特在伯克希尔公司1994年年报致股东的一封信中说，伯克希尔公司先后在1967年买入了国家财产险公司、1972年买入了喜诗糖果公司、1977年买入了《水牛城日报》、1983年买入了内布拉斯加家具商城、1986年买入了斯科特－费策公司……要知道，当时这些公司的情况也都非常困难。他在评估这些收购案例时，关心的并不是道·琼斯工业指数的具体走势、美国联邦储备委员会的态度或是美国总体经济的发展，而是这些上市公司本身的发展前景如何。只要这些投资目标本身的内在价值不错，买入价格又可以接受，那就不用过多去考虑其他因素。

巴菲特认为，不要过于在意建仓后被套，在不断下跌的行情中谁都无法避免买入后被套。历史经验告诉我们，更重要的是关心股票本身的内在价值，而不是股票指数的具体走势。你明白了吗？

附录1：巴菲特大事简介

1930 年：8 月 30 日，巴菲特出生于美国内布拉斯加州的奥马哈市。

1941 年：刚刚 11 岁，他便跃身股海，购买了平生第一张股票。

1947 年：巴菲特进入宾夕法尼亚大学攻读财务和商业管理。

1950 年：巴菲特申请哈佛大学被拒后，考入哥伦比亚大学商学院，成了格雷厄姆的得意门生。

1951 年：21 岁的巴菲特于哥伦比亚大学商学院学成毕业的时候，获得最高 A + 的成绩。

1956 年：巴菲特成立巴菲特合伙人有限公司。

1957 年：巴菲特掌管的资金达到 30 万美元，年末则升至 50 万美元。

1962 年：巴菲特合伙人有限公司的资本达到了 720 万美元，其中有 100 万美元是属于巴菲特个人的。当时他将几个合伙人企业合并成一个"巴菲特合伙人有限公司"。最小投资额扩大到 10 万美元。

1964 年：巴菲特的个人财富达到 400 万美元，而此时他掌管的资金已高达 2 200 万美元。

1966 年：春天，美国股市牛气冲天，但巴菲特却坐立不安，尽管他的股票都在飞涨，但却发现很难再找到符合他的标准的廉价股票了。虽然股市上疯行的投机给投机家带来了横财，但巴菲特却不为所动，因为他认为股票的价格应建立在企业业绩成长而不是投机的基础之上。

1967 年 10 月：巴菲特掌管的资金达到 6 500 万美元。

1968 年：巴菲特公司的股票取得了历史上最好的成绩：增长了约46%，而道·琼斯指数才增长了9%。巴菲特掌管的资金上升至1亿零400万美元，其中属于巴菲特的有 2 500 万美元。

1968 年 5 月：当股市一路凯歌的时候，巴菲特却通知合伙人，他要隐退了。随后，他逐渐清算了巴菲特合伙人公司的几乎所有的股票。

1969 年 6 月：股市直下，渐渐演变成了股灾，到 1970 年 5 月，每种股票都要比上年初下降50%，甚至更多。

1970 年：持续的通货膨胀和低增长使美国经济进入了"滞涨"时期。然而，一度失落的巴菲特却暗自欣喜异常，因为他看到了财源即将滚滚而来，他发现了太多的便宜股票。

1972 年：巴菲特又盯上了报刊业，因为他发现拥有一家名牌报刊，就好似拥有一座收费桥梁，任何过客都必须留下买路钱。1973年开始，他偷偷地在股市上买入《波士顿环球》和《华盛顿邮报》的股票，他的介入使《华盛顿邮报》利润大增，每年平均增长35%。10 年之后，巴菲特投入的 1 000 万美元升值为两个亿。

1989 年：他用 1.2 亿美元以每股 10.96 美元的单价，买进可口可乐6.3%的股份。后来，可口可乐改变了经营策略，开始抽回资金，投入饮料生产。其股票单价已涨至 51.5 美元。

1992 年：巴菲特以 74 美元一股购下 435 万股美国高技术国防工业公司——通用动力公司的股票，到年底股价上升到 113 美元。巴菲特在半年前的 32 200 万美元的股票已值 49 100 万美元了。

　　1994 年：年底已发展成拥有 230 亿美元的伯克希尔工业王国，
早已不再是一家纺纱厂，它已变成巴菲特的庞大的投资金融集团。
从 1965 年到 1994 年，巴菲特的股票平均每年增值 26.77%，高出
道·琼斯指数近 17 个百分点。如果谁在 1965 年投资巴菲特的公司
10 000 美元的话，到 1994 年，他就可得到 1 130 万美元的回报。

　　2000 年：3 月 11 日，巴菲特在伯克希尔公司的网站上公开了当
年的年度信件——一封沉重的信。数字显示，巴菲特任主席的投资
基金集团伯克希尔公司，去年纯收益下降了 45%，从 28.3 亿美元
下降到 15.57 亿美元。伯克希尔公司的 A 股价格去年下跌 20%，
是 20 世纪 90 年代的唯一一次下跌；同时伯克希尔的账面利润只增
长 0.5%，远远低于同期标准普尔 21 的增长，是 1980 年以来的首
次落后。

　　2003 年：在亚洲寻找机会是伯克希尔—哈撒韦近年来的投资新
策略，巴菲特曾将目光瞄准日本市场，但是由于日本股市持续低迷，
特别是投资回报低于预想，伯克希尔—哈撒韦旗下的投资公司在日
本市场几乎无所获。由此，巴菲特转战中国，向中石油抛出了绣球。
伯克希尔—哈撒韦公司投资中石油股票 4.88 亿美元，占中石油总股
份的 0.7%。

　　2004 年：巴菲特的夫人苏珊因病去世。

　　2005 年："卡特里娜"飓风之后，很少有保险公司敢于大规模
承揽巨灾保险，而且多数机构也缺乏像伯克希尔公司那样强劲的现
金流来支撑索赔要求。因此，巴菲特又一次大赚特赚。伯克希尔公
司在一份声明中称，公司对第三季度和今年前 9 个月的业绩表现非
常满意。

　　2005 年：第三季度，伯克希尔公司面临的保险索赔下降了

47%，仅有 32 亿美元，而保费收入增长 10%，达 63.6 亿美元，同时该公司的利息和红利收入增长了 23%，达 11 亿美元。

2006 年：伯克希尔公司首先完成了 2005 年达成的三宗并购交易，并于 7 月份完成了首次对美国以外的企业并购，以 40 亿美元收购以色列金属工具商——伊斯卡尔公司（ISCAR）80% 的股权。这一年他作出了两个重要决定，一是将 370 亿美元捐给慈善组织，二是 8 月 30 日，在他 76 岁生日当天举行了一场婚礼，新娘是与他同居 28 年的女友阿斯特丽德·门克斯。

2009 年：巴菲特再次捐助股票给慈善基金会，总额达 19.3 亿美元。

2010 年 9 月：巴菲特再次访华。

2012 年：巴菲特以净资产 470 亿美元位列《福布斯》富豪榜第三。

附录2：巴菲特名言录

（一）投资哲学篇

1．原则一：永远不要损失；原则二：永远不要忘记原则一。

2．因为我把自己当成是个企业经营者，所以我成为更优秀的投资人；因为我把自己当成是投资人，所以我成为更优秀的企业经营者。

3．在投资时，我们必须把自己当成是企业分析师，而不是市场分析师、宏观经济分析师，更不是股票分析师。

4．架设桥梁时，你坚持载重量为3万磅，但你只准许1万磅的卡车穿梭其间。相同的原则也适用于投资领域。

5．逆反行为和从众行为一样愚蠢。我们需要的是思考，而不是投票表决。不幸的是，伯特兰·罗素对于普通生活的观察又在金融界中神奇地应验了："大多数人宁愿去死也不愿意去思考。许多人真的这样做了。"

6．我认为，格雷厄姆有三个基本的思想观点，它们足以作为你智力结构的基础。我无法设想，要想在股票上做得合乎情理，除了这些思想观点你还能求助什么。这些思想观点没有一个是复杂的。没有一个需要数学才能或者此类形式的东西。（格雷厄姆）说你应当把股票看做许多细小的商业部分。要把（市场）波动看做你的朋友而非敌人——利润有时来自对朋友的愚忠而盲目跟随市场的波动。而且，在《聪明的投资人》的最后一章中，格雷厄姆道出了有关投资的最为重要的几个字眼："安全边际。"我认为，这些思想观点，从现在起，百年之后，将仍然会被认作是合理投资的奠基石。

7. 人的天性中似乎存在着某种顽症，喜欢把简单的事情复杂化。最近30年来，学术界如果有任何作为的话，乃完全背离了价值投资的教训。它很可能继续如此。船只将环绕地球而行，但地平之说仍会畅行无阻。在市场上，价格与价值之间还会存在着很大的差值，而奉行格雷厄姆与多德理论的人也会源源不绝。

（二）成功投资篇

1. 寻找超级明星的投资方法给我们提供了走向真正成功的唯一机会。我们相信，将那些买卖频繁的机构称颂为"投资者"，就像称颂那些在一个晚上翻来覆去订婚的人是富于浪漫色彩一样荒唐。

2. 投资成功的关键在于，当市场价格大大低于经营企业的价值时，买入优秀企业的股票。

3. 要成为一位成功的投资人，必须同时具备良好的投资判断力和远离市场旋涡的超级免疫力。成功的投资并不源于特殊公式、电脑程序或股票与市场价格行为所发出的信号。

4. 一位所有者或投资者，如果尽量把他自己和那些管理着好业务的经理人结合在一起，也能成就伟业。相反，我们不希望与人品低下的经理人为伍，无论他们的业务前景多么吸引人。我们从未在与一个混蛋的好买卖中获得过成功。

5. 成功的投资在本质上是内在的独立自主的结果。

6. 我一直相信我自己的眼睛远胜于其他的一切。

7．有时成功的投资需要按兵不动。

8．重整旗鼓的首要步骤是停止做那些已经做错了的事。这是一个古老的原则。覆水难收，你无法再回到最初。

9．投资人并不需要做对很多事情，重要的是要能不犯重大的过错。

10．投资者成功与否，是与他是否真正了解这项投资的程度成正比的。

（三）投资与投机篇

1．如果你是投资家，你会考虑你的资产、你的企业，将会怎样。如果你是一个投机家，你主要预测价格会怎样，而不关心企业。

2．我们认为那个术语"价值投资"是多余的。如果"投资"不是寻找至少足以证明投入的资金是正确的有价值的行为，那么什么才算是"投资"呢？有意识地为一只股票计算价值并希望它马上可以按更高的价格卖出——应当被列为投机（我们认为，它既违反规则、伤风败俗又不能在经济上获利）。

3．我一直觉得受基本原理的支配来估算权重，要比受心理学的支配来估算投票容易得多。

4．许多大名鼎鼎的基金经理不把注意力放在上市公司未来几年的业务发展上，他们关注的是其他基金经理在未来几天内干什么。对他们来说，股票仅仅是游戏中的筹码，就像强手游戏中的几个棋子。

5．衍生合约的想象空间，和人类的想象力一样无边无际，或者有时可以这么说，和疯子的想象力一样没有边际。这些金融衍生产品是金融领域的大规模杀伤性武器，隐藏着致命的危险。

6．我总是在想，假使一条乘着 25 个经纪人的船出了事，他们挣扎着游到一个荒岛上，没有获救的希望。为了尽量过得好点，他们开始发展经济。我想，他们会不会分出 20 个人来生产食物、衣服、住房等，而另 5 个人坐那儿永无止境地对那 20 个人还没生产出来的产品进行交易呢？

7．有了足够的内部消息，再加上 100 万美元，你可能会在一年内破产。

8．华尔街会把任何东西卖给投资者；当投机看起来轻易可得时，它是最危险的。

（四）市场先生

1．市场先生是你的仆人，而不是你的向导。

2．交易市场就像上帝一样，帮助那些自助者。但是和上帝不同的是，交易市场不会原谅那些不知道自己在做什么的人。

3．如果任何一个人准备去做任何一件蠢事的时候，股市在那里，仅仅是作一个参考值而存在。当我们投资于股票的时候，我们也是投资于商业。

4．对我来说，股市是根本不存在的。要说其存在，那也只是一个让某些人出丑的地方。

5．如果你不能确定你远比"市场先生"更加了解你的公司并能够正确估价，那么你就不能参加游戏。就像他们在桥牌游戏中说的那样："如果你不能玩上 30 分钟，而且不知道谁是替死鬼，那么你就是替死鬼。"

6．我从未指望在股市中赚钱。我会设想股市在隔天关闭而在 5 年后开市。

7．相信有效市场投资就好比在打桥牌时认为不需看牌一样……如果市场总是有效率的，我将会流落街头，沿街乞讨。

（五）股市预测

1．短期股市的预测是毒药，应该把它摆在最安全的地方，远离儿童以及那些在股市中的行为像儿童般幼稚的投资人。

2．裹着神秘面纱的投资技巧显然对投资建议提供者有利。毕竟，庸医仅凭建议你"吃两片阿斯匹林"就攫取了好名声和很多财富。

3．从预言中你可以得知许多预言家的信息，但对未来却一无所获。

4．我们一直觉得股市预测的唯一价值在于让算命先生过得体面一点。

5．华尔街是唯一的坐劳斯莱斯的人向那些乘坐地铁的人征询意见的地方。

6．如果能从历史推测未来，那么最富有的人都是图书管理员。

7．要在别人贪婪的时候恐惧，在别人恐惧的时候贪婪。